세계로 떠나는
수학 도형 여행

아름다운 건축물 속 도형을 찾아라!

세계로 떠나는 수학 도형 여행

지은이   김리나
펴낸이   정규도
펴낸곳   ㈜다락원

초판 1쇄 발행 2023년 4월 10일
    2쇄 발행 2024년 1월 5일

편집총괄   최운선
책임편집   서정은
디자인   스튜디오사지
일러스트   이정화

다락원

주소   경기도 파주시 문발로 211
내용문의   (02)736-2031 내선 273
구입문의   (02)736-2031 내선 250~252
Fax   (02)732-2037
출판등록   1977년 9월 16일 제406-2008-000007호

Copyright ⓒ 2023, 김리나

저자 및 출판사의 허락 없이 이 책의 일부 또는 전부를 무단 복제·전재·발췌할 수 없습니다. 구입 후 철회는 회사
내규에 부합하는 경우에 가능하므로 구입문의처에 문의하시기 바랍니다. 분실·파손 등에 따른 소비자 피해에 대해서는
공정거래위원회에서 고시한 소비자 분쟁 해결 기준에 따라 보상 가능합니다. 잘못된 책은 바꿔 드립니다.

ISBN 978-89-277-4787-1 73410

http://www.darakwon.co.kr
다락원 홈페이지를 통해 인터넷 주문을 하시면 자세한 정보와 함께
다양한 혜택을 받으실 수 있습니다.

세계로 떠나는 수학 도형 여행

아름다운 건축물 속 도형을 찾아라!

김리나 글 이정화 그림

다락원

머리말

Mathematics(수학)이라는 단어는 라틴어 mathematica에서 유래되었습니다. mathematica는 '모든 것을 배우는 것'이라는 의미가 있지요. 즉, 수학은 단순히 숫자로 나열된 문제를 푸는 과목이 아니랍니다. 세상을 알아가는 논리적이고 추상적인 방법이지요.

특히 도형은 세상의 모든 형태를 분석하여 그 특징을 나타내는 수학의 영역입니다. 자연 속에서 찾을 수 있는 다양한 모양들을 점, 선, 면과 같은 도형의 기본 요소로 나타내고 그 특징을 수학적으로 설명하는 것이지요. 도형은 이후 도형의 요소 사이, 혹은 도형 사이의 관계를 분석하는 기하학의 기초가 됩니다. 예를 들어, 직각이 포함된 직각삼각형의 모양을 이해하는 것이 도형이라면 직각삼각형 변들의 관계를 공식으로 나타내는 것은 기하학이 되지요.

도형과 기하학 모두 우리 생활 속 다양한 모양들을 이해하는 데 도움을 줍니다. 나아가 우리 삶을 발전시키는 데 중요한 역할을 하지요. 당장 고개를 들고 우리 주위의 건물들을 살펴본다면 수많은 도형을 찾을 수 있을 거예요. 아름다운 도형들은 예술적인 건축물을 설계하는 데 바탕이 됩니다. 건물이 무너지지 않도록 건물의 크기와 무게를 결정하는 것도 수학의 역할이랍니다.

《세계로 떠나는 수학 도형 여행》에서는 세계 여러 나라의 건축물을 살펴보면서 그 안에 숨어 있는 도형을 찾아보고자 합니다. 건축물 속에서 어떤 도형이 사용되었는지 찾아

나가다 보면 수학이 우리 생활에서 얼마나 유용하게 사용되고 있는지 깨달을 수 있을 거예요. 건축물이 위치한 나라의 특징과 건축물의 역사까지 함께 알아본다면 더 재미있겠지요?

《세계로 떠나는 수학 도형 여행》에서는 초등학교에서 배우는 모든 도형의 개념을 설명합니다. 나아가 중·고등학교에서 알게 되는 기하학의 기초 개념 역시 초등학생들이 이해할 수 있는 수준으로 소개하지요. 《세계로 떠나는 수학 도형 여행》을 읽고 나면 도형과 관련한 모든 내용을 이해할 수 있게 될 거예요.

우리는 수학 속에서 살아가고 있답니다. 여러분이 《세계로 떠나는 수학 도형 여행》을 읽고 도형의 개념을 이해하는 것뿐만 아니라, 도형이 얼마나 아름다운지, 그리고 우리의 삶을 어떻게 변화시키고 있는지 이해할 수 있기를 희망합니다. 마지막으로 나의 첫 별 윤송하, 언제나 상냥한 김서하, 건강하고 씩씩한 김서원, 따뜻한 마음의 김유주, 지금 이 순간의 모두를 응원합니다.

2023년 4월
작가 김리나

차례

머리말 · 4

책 소개 · 8

1. 런던의 종소리 **빅벤** · 10

2. 흔들흔들 조심해 **피사의 사탑** · 16

3. 바람을 이긴 철의 여인 **에펠탑** · 24

4. 세계에서 가장 큰 액자 **두바이 프레임** · 30

5. 최초의 아파트 **유니테 다비타시옹** · 36

6. 미국을 지키는 도형 **펜타곤** · 44

7. 잊지 못할 추억 **알람브라 궁전** · 52

8. 신이 주신 곡선 **사그라다 파밀리아 성당** · **58**

9. 강에 비친 중국의 상징 **서클 빌딩** · **64**

10. 과학과 자연의 조화 **경복궁** · **70**

11. 우주의 신비 **성 베드로 광장** · **76**

12. 꼭 붙잡아 줄! **금문교** · **82**

13. 나비처럼 아름다운 **타지마할** · **86**

14. 세상에서 가장 큰 무덤 **기자의 대피라미드** · **92**

15. 따뜻한 얼음집 **이글루** · **100**

도형 찾아보기 · **106**

책 소개

도형 친구들 소개

동그리

나는 성격이 둥글둥글해서 친구들과 잘 어울려. 여행을 다니며 맛있는 음식 먹는 걸 좋아하지. 중국의 서클 빌딩과 알래스카의 이글루가 나와 많이 닮았다던데, 함께 가 볼래?

네네

나는 수학을 좋아해. 친구들이 나를 수학 박사라고 부르지. 우리가 갈 곳을 미리 공부했는데, 두바이 프레임과 미국의 유니테 다비타시옹이 나랑 비슷하게 생겼다고 하더라. 정말 궁금해!

세미

나는 아름다운 게 정말 좋아. 멋진 건축물을 여행하는 건 정말 황홀한 일이지. 프랑스의 에펠탑과 이집트의 피라미드가 특히 아름답다던데, 혹시 나와 닮았을까?

수학 도형 여행 가이드

첫째, 도형 친구들과 재미있는 건축 이야기를 들어요.

도형 친구들이 각 나라를 상징하는 옷을 입고 있어요.

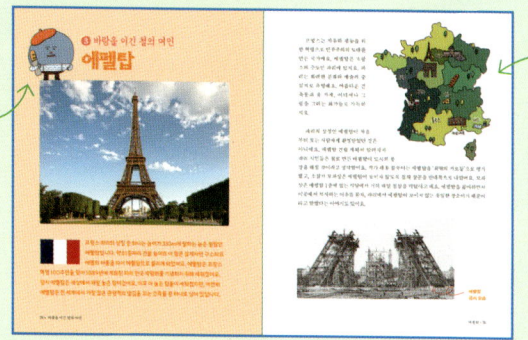

나라의 특징과 건축물의 역사도 함께 들어요.

둘째, 건축물에서 연상되는 도형을 떠올려 봐요.

맞아요! 바로 이 도형이에요.

건축물을 보고 생각나는 도형이 있나요?

셋째, 도형의 특징과 성질에 대해 익혀요.

도형의 개념과 특징, 성질에 대해 배워 봐요.

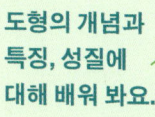
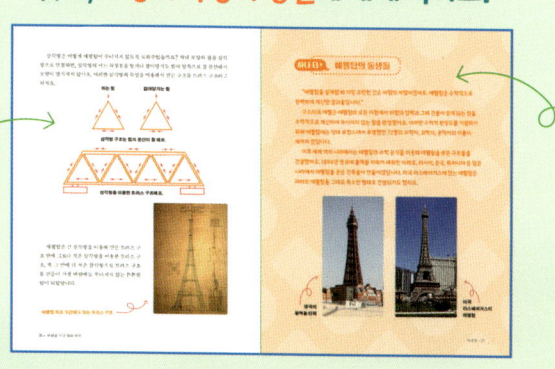

재미있는 이야기로 마무리!

❶ 런던의 종소리
빅벤

빅벤은 영국의 국회 의사당인 웨스트민스터 궁에 있는 시계탑이에요. 빅벤의 원래 이름은 성 스티븐 타워(St. Stephen Tower)이지만, 사람들은 이 건물을 빅벤이라고 불렀어요. 빅벤은 몸집이 어마어마하게 컸던 건설 책임자 벤자민 홀 경이 만들었다는 의미를 가지고 있어요. 2012년 엘리자베스 2세의 즉위 60주년을 기념하여 빅벤은 '엘리자베스 타워'라는 공식 명칭을 새로 갖게 되었지만, 사람들은 여전히 빅벤이라고 더 많이 부른답니다.

빅벤은 유럽의 섬나라 영국에 위치하고 있어요. 영국은 잉글랜드, 스코틀랜드, 웨일스, 북아일랜드 이렇게 네 개의 나라가 연합해 만든 국가예요. 그래서 영국의 국기 유니언 잭은 여러 국기가 합쳐진 모양이에요.

빅벤은 영국의 수도 런던의 상징적인 건물 중 하나예요. 1859년 완공된 빅벤은 높이가 약 96.3m(미터)나 된답니다. 빅벤은 2003년 세계 문화유산으로도 등재되었어요.

빅벤에는 324개의 유리 조각을 이어 붙여 만든 큰 시계가 달려 있어요. 시계 주위는 금으로 장식되어 있고, 아래에는 라틴어로 '신이여, 우리 빅토리아 여왕을 지켜 주소서.' 라고 적혀 있답니다.

잉글랜드 + 스코틀랜드 → 아일랜드 + 영국(1606년) → 완성된 영국 국기(1801년)

DOMINE SALVAM FAC REGINAM NOSTRAM VICTORIAM PRIMAM

신이여, 우리 빅토리아 여왕을 지켜 주소서.

거대한 시계 안쪽에는 세상에서 가장 크고 제일 정확하게 울리는 자명종이 설치되어 있어요. 이 자명종의 이름은 그레이트 벨(Great Bell of Westminster)이에요.

빅벤은 그레이트 벨뿐만 아니라 아름다운 건축 양식으로도 유명해요. 빅벤이 있는 웨스트민스터 궁처럼 뾰족한 첨탑과 곧은 선을 이용해 건물을 설계하는 방법을 '고딕 양식'이라고 해요. 고딕 양식은 하늘의 신과 조금이라도 가까워지고 싶었던 사람들의 마음을 웅장한 느낌으로 표현하는 건축 기법이랍니다.

시계 안쪽

웨스트민스터 궁

고딕 양식으로 지어진 빅벤에서 가장 눈에 띄는 도형은 곧게 뻗은 **선**입니다. 곧은 선이 도형이냐고요? 도형은 '모양을 그리다'라는 뜻을 가진 단어예요. 따라서 세모, 네모, 동그라미뿐 아니라 곧은 선을 따라 그린 직선, 반직선, 선분도 도형이에요.

●▲■ 점도 도형이라고?

선뿐만 아니라 점도 도형이에요. 수학에서 점은 위치를 나타낼 때 사용되지요. 점이 모이면 선이 되고, 선이 모이면 면이라는 도형이 돼요.

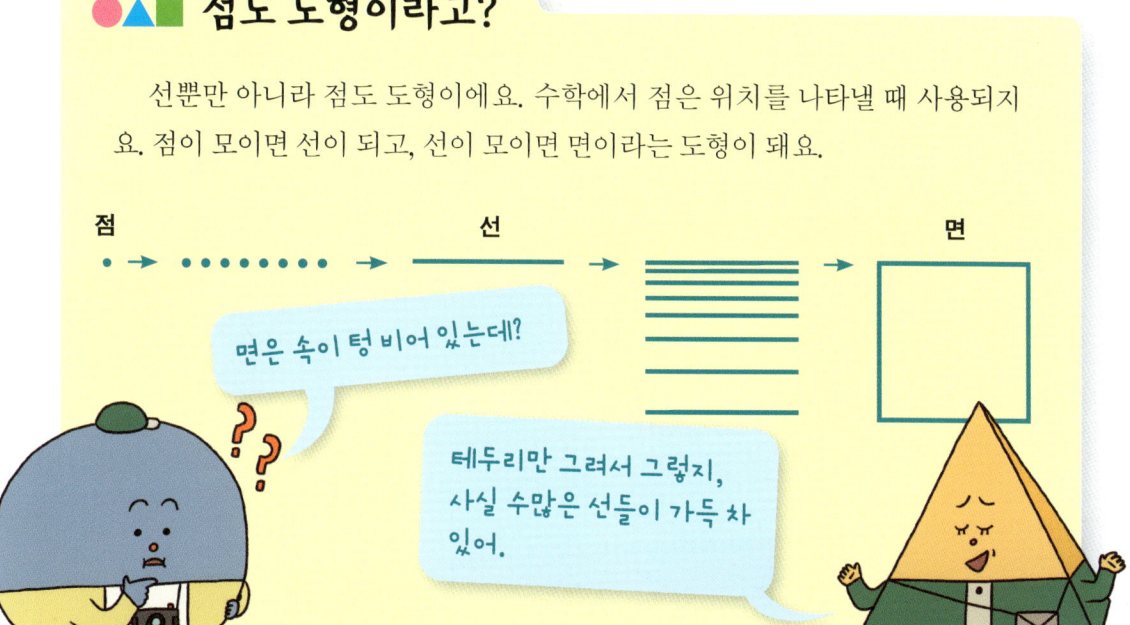

이제 각각의 선에 대해 조금 더 알아볼까요? **직선**은 양쪽으로 끝없이 이어지는 선을 의미해요. 그런 선이 세상에 어디 있냐고요? 맞아요. 일상생활 속에서 끝없는 선은 찾을 수 없으므로 직선은 우리의 상상 속에서만 존재한답니다.

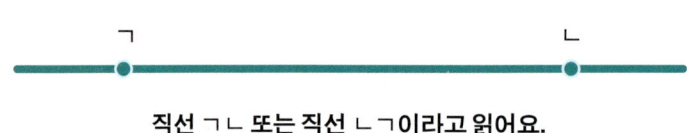

직선 ㄱㄴ 또는 직선 ㄴㄱ이라고 읽어요.

반직선은 직선을 반으로 나누었다는 의미가 있어요. 한쪽은 끝이 있고, 다른 한쪽은 끝이 없는 직선을 뜻해요.

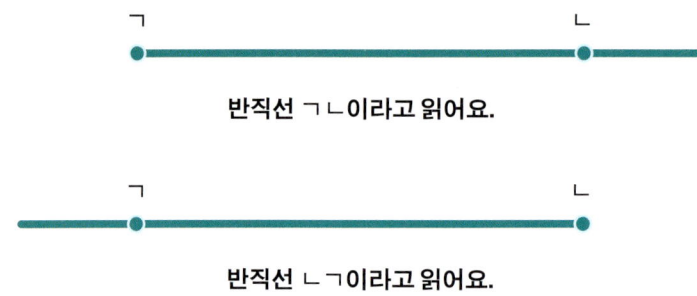

반직선 ㄱㄴ이라고 읽어요.

반직선 ㄴㄱ이라고 읽어요.

선분은 '직선을 나눈 선'이라는 의미로 직선의 일부분을 나타내요. 직선처럼 곧은 선이기는 하지만 직선과 달리 끝이 있는 선이지요. 빅벤에서 찾을 수 있는 곧은 선들은 모두 선분이에요.

선분 ㄱㄴ 또는 선분 ㄴㄱ이라고 읽어요.

하나 더+ 편견 없는 아름다움, 고딕 양식

빅벤은 고딕 양식으로 지어졌어요. 고딕은 처음에는 좋은 의미를 가진 말은 아니었답니다. 중세 시대 화가이자 건축가였던 바사리는 뾰족한 첨탑과 곧은 선이 강조된 건축 모양이 유행하기 시작하자 "이것은 북방의 야만인 고트족의 양식이다. 장난기가 있고 요란스러우며 추악하기 그지없다."라고 말했지요. 바사리의 말에서 '고트족 풍'이라는 의미의 고딕(Gothic)이란 말이 시작되었다고 해요. 고딕은 중세의 남유럽 사람들이 북유럽의 고트족을 미개하다고 생각하며 조롱하는 말이었지요.

처음의 비판과 달리 고딕 양식은 건축뿐 아니라 회화와 조각 등 미술품에도 큰 영향을 미치며 중세 시대를 대표하는 양식이 되었어요. 남유럽뿐 아니라 유럽 전체에서 큰 인기를 얻었답니다. 아래 그림은 1333년에 고딕 양식으로 그려진 시모네 마르티니의 〈수태고지〉예요. 높게 뻗은 선들이 빅벤의 모양을 연상시키지요?

❷ 흔들흔들 조심해
피사의 사탑

이탈리아 피사에는 종을 매달아 시간을 알리는 탑이 있어요. 금방이라도 무너질 듯 아슬아슬해 보이는 '피사의 사탑'이지요. 사탑은 기울어진 탑이라는 뜻을 가지고 있어요. 피사의 사탑은 1178년 2층 정도를 쌓았을 때부터 이미 기울어지기 시작했어요. 사탑의 무게를 지탱할 수 없는 부드러운 땅 때문이었지요. 많은 건축가의 노력으로 1300년대에 사탑은 완성되었지만, 건물의 기울어짐은 멈추지 않았어요. 지금도 여전히 피사의 사탑이 넘어지지 않도록 다양한 보수 공사를 진행하고 있답니다.

피사의 사탑이 위치한 이탈리아는 우리나라와 같은 반도 국가예요. 반도는 삼면이 바다로 둘러싸이고 한 면은 육지에 이어진 땅을 뜻하지요. 유럽에 있는 이탈리아는 북쪽 알프스산맥을 경계로 프랑스, 스위스, 오스트리아, 슬로베니아와 국경을 맞대고 있어요.

중세 시대 로마 제국의 중심지였던 이탈리아는 모나리자와 같은 유명한 그림뿐 아니라 피자, 올리브유, 가면무도회, 곤돌라, 축구 등 다양한 자랑거리를 가지고 있어요.

사탑   대성당   세례당

이탈리아의 작은 도시 피사는 사탑 덕에 세계적으로 유명한 관광지가 되었어요. 피사의 사탑은 산타 마리아 아순타 대성당의 종탑으로, 대성당, 세례당과 함께 피사 대성당 광장에 자리 잡고 있지요.

피사의 사탑에는 각기 서로 다른 음을 내는 7개의 종이 설치되어 있어요. 종의 울림이 피사의 사탑을 더 기울어지게 한다는 주장 때문에 지금은 종을 울리지 않고 있어요.

무거운 납

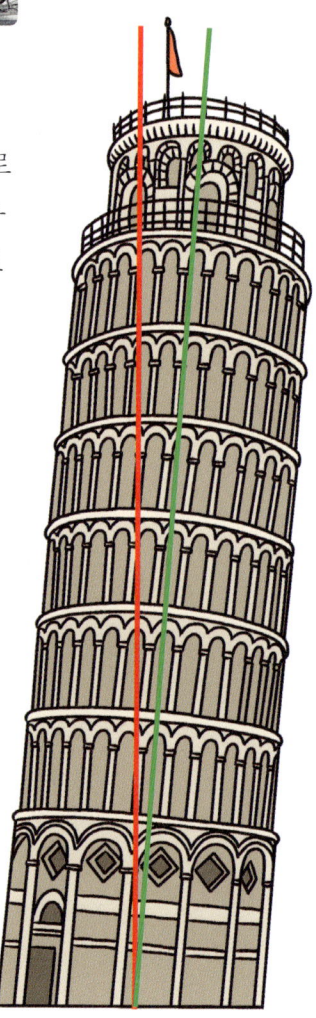

　이탈리아 정부는 탑이 무너지는 것을 막기 위해 탑을 똑바로 세우는 공사를 하려 했어요. 하지만 관광객이 줄어들 것을 우려한 피사 지역 사람들의 반대로 지금의 기울기를 유지하기로 했답니다. 탑이 기울어진 방향의 반대쪽에 무거운 납을 설치해 지금의 형태를 유지하고 있어요.

　재미있는 사실은 무거운 납을 설치하기 전에 사탑은 이미 네 번의 강한 지진 속에서도 무너지지 않았다는 것이에요. 피사의 사탑을 기울어지게 한 주요 원인인 부드러운 흙 덕분에 오히려 탑이 무너지지 않았다고 해요. 처음 피사의 사탑을 설계할 때 땅의 특징을 고려하여 탑의 높이와 구조를 결정했기 때문에, 지진으로 땅이 흔들릴 때 사탑이 땅과 함께 적절히 진동해 무너지지 않았던 것이지요.

　그렇다면 피사의 사탑은 얼마나 기울어져 있을까요? 우선 피사의 사탑 기울기 측정 방법을 알아보아요. 사탑 한가운데를 기준으로 탑이 땅에 똑바로 서 있을 때를 붉은색 선으로 나타내요. 그리고 탑이 기울어진 모습에서 탑의 가장 높은 곳과 붉은색 선이 땅에 닿은 곳을 초록색 선으로 연결하고 두 선이 벌어진 정도를 측정하면 돼요.

붉은색 선과 초록색 선이 만나 만들어지는 도형을 **각**이라고 해요. 각은 두 반직선으로 이루어진 도형이지요. 각은 여러 가지 모양을 가지고 있어요.

●▲■ 닫힌 도형과 열린 도형

직선, 선분, 각은 여러분이 알고 있는 도형인 세모, 네모, 동그라미와 다르게 생겼지요? 도형은 닫힌 도형과 열린 도형으로 나눌 수 있어요. 닫힌 도형은 시작하는 점과 끝나는 점이 같답니다. 그리고 안과 밖을 구분할 수 있지요. 반면에 열린 도형은 시작하는 점과 끝나는 점이 달라 안과 밖으로 나눌 수 없어요.

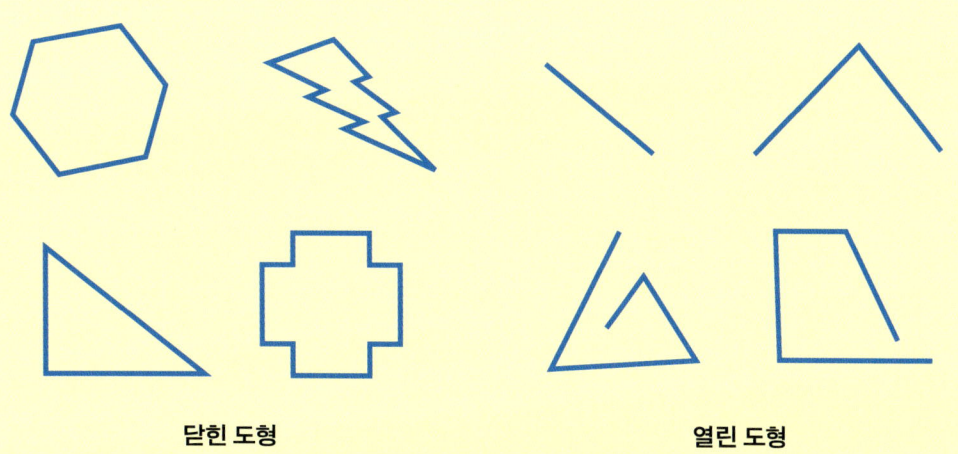

닫힌 도형 **열린 도형**

각에서 두 반직선이 만나는 점을 각의 '꼭짓점', 두 반직선을 각의 '변'이라고 불러요.

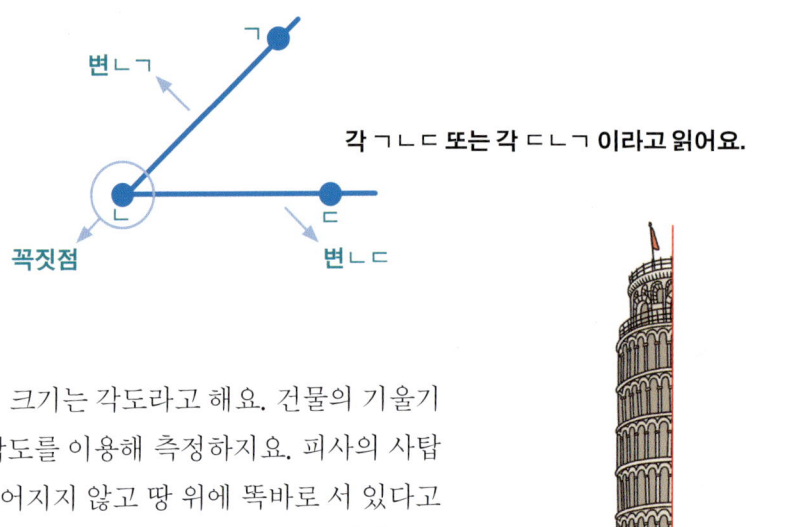

각의 크기는 각도라고 해요. 건물의 기울기는 이 각도를 이용해 측정하지요. 피사의 사탑이 기울어지지 않고 땅 위에 똑바로 서 있다고 생각할 때 건물과 땅이 이루는 각을 **직각**이라고 해요. 직각을 똑같이 90으로 나눈 것 중 하나를 1도라고 하고 1°(도)라고 쓰지요. 따라서 직각은 90°랍니다.

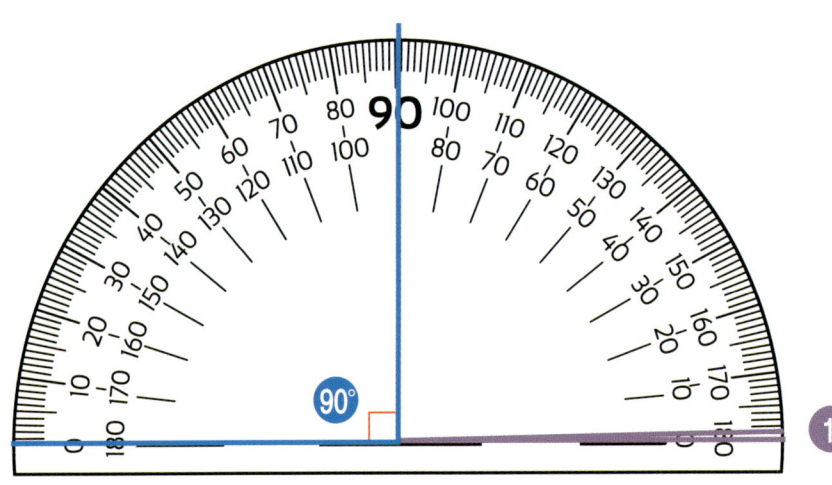

20 · 흔들흔들 조심해

각은 직각 이외에도 각도에 따라 여러 가지 이름을 가지고 있어요.

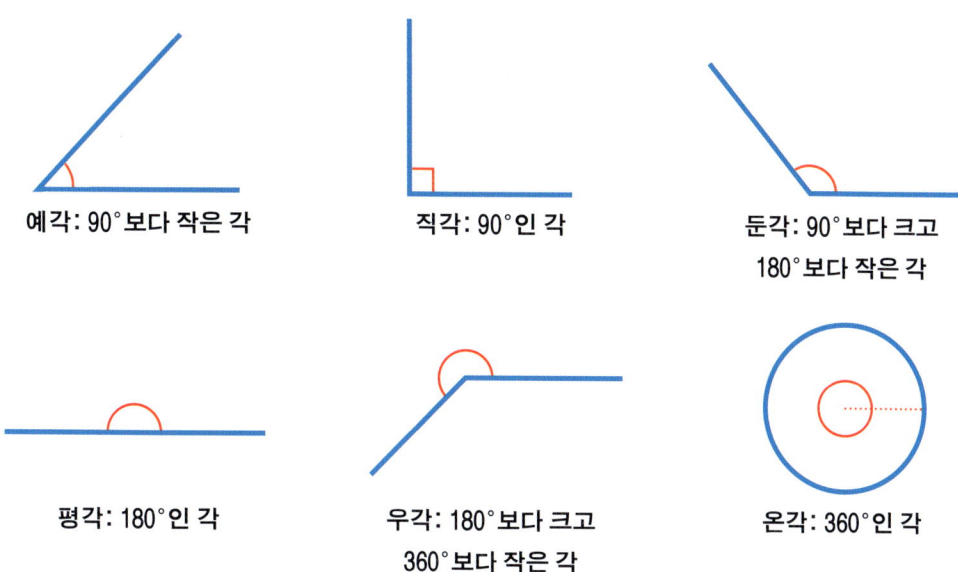

●▲■ 왜 한 바퀴는 360°일까?

여러 각 중 온각, 즉 한 바퀴 돌린 각을 360°라고 해요. 360°의 유래는 고대 바빌로니아에서 찾을 수 있어요. 고대 바빌로니아는 기원전 4000년쯤 지금의 유프라테스강과 티그리스강 사이에 피어난 메소포타미아 문명 국가를 말해요.

당시 바빌로니아 사람들은 달의 모양이 변하는 것을 보고, 한 달이 29일이나 30일쯤 된다는 것을 알아냈어요. 하지만 매달 조금씩 바뀌는 달의 모양으로 날짜를 정하기 어려웠으므로, 바빌로니아 사람들은 한 달을 30일이라고 정하고 12달을 만들어 1년은 360일이라고 계산했지요.

과거에는 달뿐만 아니라 태양을 비롯한 모든 행성이 지구를 중심으로 한 바퀴 돈다고 생각했어요. 이 때문에 태양이 지구를 한 바퀴 도는 1년이 360일이라는 것에서 한 바퀴가 360°라고 유래되었답니다.

이제 피사의 사탑이 기울어진 정도를 측정해 볼까요? 사탑의 기울기는 약 $3.97°$예요.

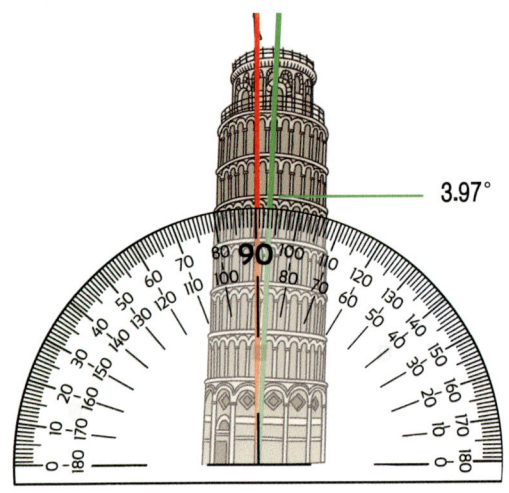

기울어진 건물이 피사의 사탑만 있는 것은 아니에요. 영국의 빅벤은 약 $0.26°$ 기울어져 있을 뿐 아니라 피사의 사탑처럼 지금도 조금씩 기울어지고 있어요. 그 외에도 약 $3.0°$ 기울어진 중국의 타이거 힐탑을 비롯해, 세계 곳곳에 기울어진 탑들이 있답니다. 그중 피사의 사탑이 가장 유명한 이유는 1990년대까지 세계에서 가장 크게 기울어진 건축물이었기 때문이에요. 당시 피사의 사탑 기울기는 약 $5.5°$ 정도였는데, 현재는 보수 공사를 통해 기울기를 약 $3.97°$까지 줄였어요.

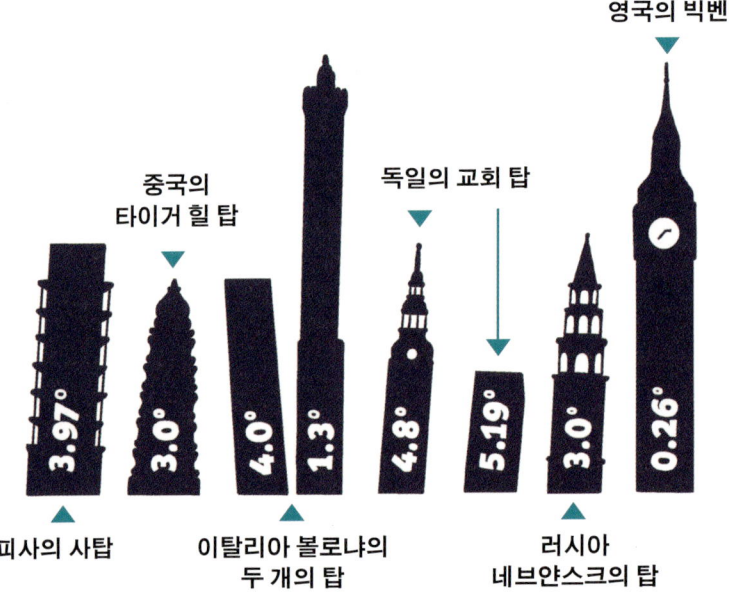

22 • 흔들흔들 조심해

하나 더+ 갈릴레오 갈릴레이와 피사의 사탑

고대 그리스의 철학자 아리스토텔레스는 무거운 물체와 가벼운 물체를 동시에 떨어뜨리면 무거운 쪽이 더 빨리 떨어진다고 주장했어요. 그 후로 오랜 기간 동안 모든 사람이 이처럼 생각했지요. 하지만 이탈리아의 철학자 갈릴레오 갈릴레이는 무게와 상관없이 두 물체는 동시에 떨어진다고 생각했어요. 그리고 그의 생각은 옳았어요.

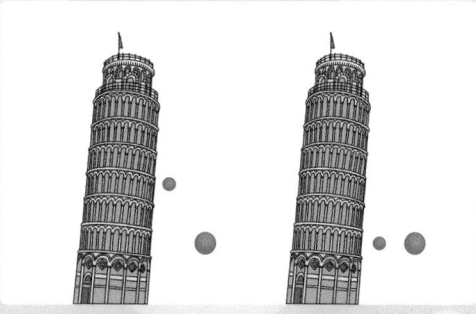

아리스토텔레스   갈릴레오 갈릴레이

갈릴레오 갈릴레이는 피사의 사탑에 올라가 무거운 물체와 가벼운 물체를 동시에 떨어뜨려 자기 생각을 증명했다고 알려졌어요. 하지만 그 어디에도 기록이 남아 있지 않아, 실제로 그가 실험을 했는지는 알 수 없답니다. 다만 갈릴레오 갈릴레이는 이러한 글을 남겼어요.

"만약 무거운 물건이 먼저 떨어진다고 가정해 보자. 이때, 무거운 물건과 가벼운 물건을 서로 연결해서 떨어뜨리는 것을 상상해 보면, 무거운 물건은 빨리 떨어지려고 하고 가벼운 물건은 그보다 늦게 떨어지려 할 것이다. 따라서 두 물건을 묶어 떨어뜨리면 무거운 물건 하나만 떨어뜨렸을 때보다는 더 느리게, 가벼운 물건 하나만 떨어뜨렸을 때보다는 더 빠르게 떨어져야 맞다. 그런데 또 어떻게 생각하면 두 물건을 연결했으므로 전체 무게가 더 무거워져 더 빨리 떨어져야 옳을 것도 같다. 하나의 가정에서 이처럼 서로 다른 두 결론이 나왔으므로, 이것은 애초의 가정 자체가 틀렸음을 의미한다. 따라서 무거운 물건이나 가벼운 물건이나 무게에 상관없이 동시에 떨어진다고 가정해야 한다."

갈릴레오 갈릴레이는 이와 같은 설명을 통해 같은 높이에서 떨어뜨린 물체들은 항상 동시에 바닥에 닿는다는 것을 밝혔답니다.

③ 바람을 이긴 철의 여인
에펠탑

높이가 330m(미터)에 달하는 높은 철탑인 에펠탑은 프랑스 파리의 상징 중 하나입니다. 약 81층짜리 건물 높이의 이 탑은 설계자인 구스타프 에펠의 이름을 따서 에펠탑으로 불리게 되었어요. 철의 여인이라는 별명을 가지고 있기도 하고요. 에펠탑은 1889년 프랑스 혁명 100주년을 맞아 개최된 파리 만국 박람회를 기념하기 위해 세워졌어요. 당시 에펠탑은 세상에서 제일 높은 탑이었어요. 이후 더 높은 탑들이 세워졌지만, 여전히 에펠탑은 전 세계에서 가장 많은 관광객의 발길을 끄는 건축물 중 하나로 남아 있답니다.

프랑스는 자유와 평등을 위한 혁명으로 민주주의의 토대를 만든 국가예요. 에펠탑은 프랑스의 수도인 파리에 있지요. 파리는 화려한 문화와 예술의 중심지로 유명해요. 아름다운 건축물과 옷 가게, 어디서나 그림을 그리는 화가들로 가득하지요.

파리의 상징인 에펠탑이 처음부터 모든 사람에게 환영받았던 것은 아니에요. 에펠탑 건립 계획이 알려지자 파리 시민들은 철로 만든 에펠탑이 도시의 풍경을 해칠 것이라고 생각했어요. 작가 레옹 블루아는 에펠탑을 '최악의 가로등'으로 평가했고, 소설가 모파상은 에펠탑이 보이지 않도록 집의 창문을 반대쪽으로 내었어요. 모파상은 에펠탑 1층에 있는 식당에서 거의 매일 점심을 먹었다고 해요. 에펠탑을 싫어하면서 이곳에서 식사하는 이유를 묻자, 파리에서 에펠탑이 보이지 않는 유일한 장소이기 때문이라고 말했다는 이야기도 있어요.

에펠탑 공사 모습

에펠탑은 임시 시설물이어서 원래는 완공 20년 후 철거될 예정이었어요. 하지만 구스타프 에펠은 에펠탑의 과학적 필요성을 주장했어요. 그의 의견에 따라 에펠탑은 철거되지 않고 기상 관측소와 공기 역학 실험실, 방송국의 송신탑 등으로 사용되었답니다. 이후 시민들 사이에서도 파리의 명물인 에펠탑을 없애서는 안 된다는 의견이 모아졌어요. 현재 에펠탑에는 기상 관측 장비뿐 아니라 항공 운항 장비까지 갖춰져 있답니다.

구스타프 에펠

에펠탑 건설 당시 건축 전문가들은 탑이 철의 무게와 바람을 견디지 못하고 휘어 버리거나 무너지리라 생각했어요. 구스타프 에펠이 고민한 것 역시 탑이 바람에 쓰러지지 않게 하는 방법이었지요. 330m의 높이에 철골 1만 8,000여 개가 들어간 에펠탑이 무너지지 않고 견고히 버틸 수 있었던 비결은 바로 세모, 즉 삼각형이에요.

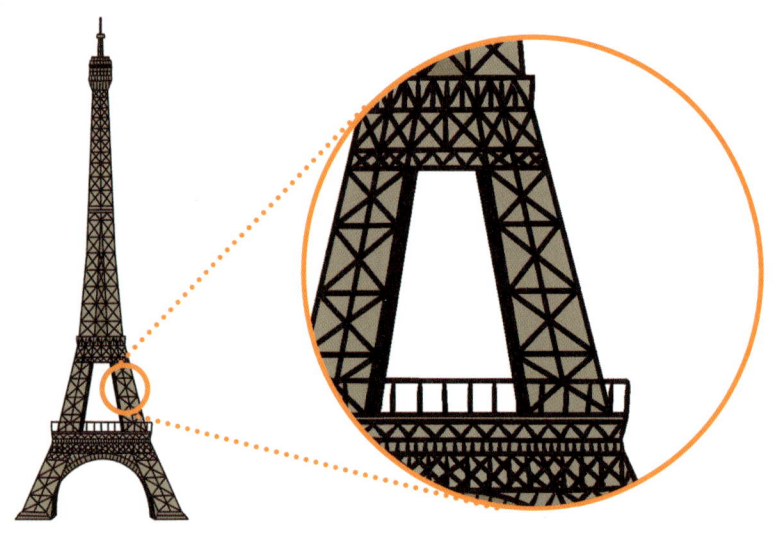

삼각형은 3개의 선분으로 둘러싸인 도형을 뜻해요. 이때 삼각형을 둘러싸고 있는 3개의 선분을 '변'이라고 하고, 변과 변끼리 만나는 점을 '꼭짓점'이라고 하지요. 삼각형의 변의 개수는 3개이고, 꼭짓점의 개수도 3개랍니다.

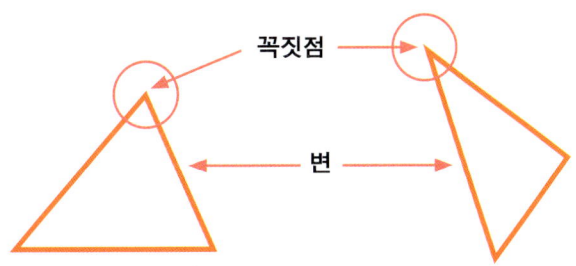

삼각형은 각 변의 길이의 관계에 따라 이름이 달라지기도 해요. 세 변의 길이가 모두 같은 삼각형을 **정삼각형**이라고 해요. 세 변 중 두 변의 길이가 같은 삼각형을 **이등변삼각형**이라고 하고, 세 변의 길이가 모두 다른 삼각형을 **부등변삼각형**이라고 한답니다.

각의 크기에 따라서도 삼각형의 이름이 달라져요. 삼각형의 세 각 중 한 각이 직각, 즉 90°(도)인 삼각형을 **직각삼각형**이라고 해요. 또한 한 각이 90°보다 크고 180°보다 작은 삼각형을 **둔각삼각형**이라고 하고, 세 각이 모두 90°보다 작은 삼각형을 **예각삼각형**이라고 하지요.

삼각형은 어떻게 에펠탑이 무너지지 않도록 도와주었을까요? 막대 모양의 철을 삼각형으로 연결하면, 삼각형의 어느 꼭짓점을 밀거나 잡아당겨도 힘이 양쪽으로 잘 분산돼서 모양이 망가지지 않아요. 이러한 삼각형의 특성을 이용해서 튼튼한 트러스 구조를 만들 수 있어요.

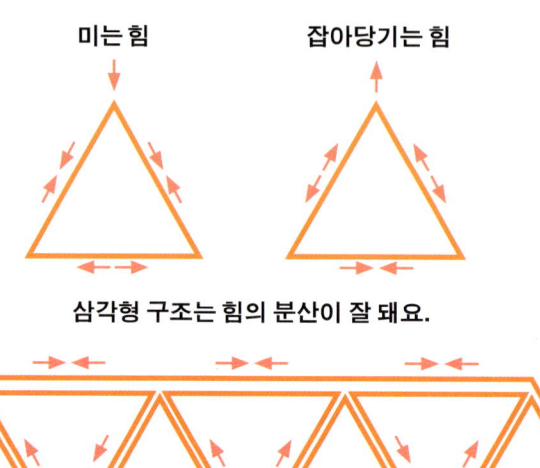

삼각형 구조는 힘의 분산이 잘 돼요.

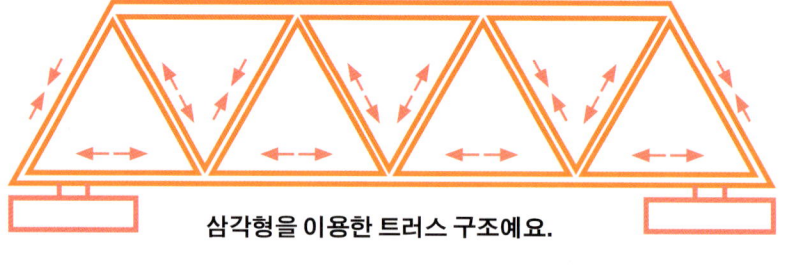

삼각형을 이용한 트러스 구조예요.

에펠탑은 큰 삼각형을 이용해 만든 트러스 구조 안에 그보다 작은 삼각형을 이용한 트러스 구조, 또 그 안에 더 작은 삼각형으로 트러스 구조를 만들어 거센 바람에도 무너지지 않는 튼튼한 탑이 되었답니다.

에펠탑 최초 도안에도 있는 트러스 구조

하나 더+ 에펠탑의 동생들

"에펠탑을 설계할 때 가장 고민한 것은 바람의 저항이었어요. 에펠탑은 수학적으로 완벽하게 계산한 결과물입니다."

구스타프 에펠은 에펠탑의 모든 지점에서 바람의 압력과 그때 건물이 받게 되는 힘을 수학적으로 계산하여 무너지지 않는 탑을 완성했어요. 이러한 수학적 완성도를 기념하기 위해 에펠탑에는 당대 프랑스에서 유명했던 72명의 수학자, 과학자, 공학자의 이름이 새겨져 있답니다.

이후 세계 여러 나라에서는 에펠탑의 수학 공식을 이용해 에펠탑을 본뜬 구조물을 건설했어요. 1894년 영국에 블랙풀 타워가 세워진 이래로, 러시아, 중국, 루마니아 등 많은 나라에서 에펠탑을 본뜬 건축물이 만들어졌답니다. 미국 라스베이거스에 있는 에펠탑은 파리의 에펠탑을 그대로 축소한 형태로 건설되기도 했지요.

영국의 블랙풀 타워

미국 라스베이거스의 에펠탑

❹ 세계에서 가장 큰 액자
두바이 프레임

아랍 에미리트의 두바이에는 '세계에서 가장 큰 액자'라고 불리는 두바이 프레임이 있어요. 2018년 자빌 공원에 세워진 두바이 프레임은 높이가 약 150m(미터), 가로 길이가 약 93m인 커다란 액자 모양이에요. 두바이 프레임을 통해 두바이 시내의 모습을 바라보면 그 자체가 하나의 그림처럼 느껴지지요. 재미있는 상상력에 최첨단 과학 기술력을 더해 완성된 두바이 프레임은 아랍 에미리트 최고의 명소 중 하나랍니다.

서남아시아의 아라비아 반도 남동부에 위치한 아랍 에미리트는 작은 7개의 나라가 연합하여 만든 연방국이랍니다. 이 7개의 작은 나라를 토후국이라고 하는데, 각각의 토후국에서는 서로 다른 국왕이 있어요. 이 국왕들 중 한 명이 아랍 에미리트 전체의 대통령으로 선출되지요.

각 토후국의 이름은 '아부다비, 두바이, 샤르자, 아지만, 움알쿠와인, 라스알카이마, 푸자이라'예요. 두바이 프레임은 두바이 토후국의 수도인 두바이에 있어요. 두바이는 아랍 에미리트에서 가장 큰 도시이기도 하지요. 두바이는 축구장 50개를 합친 약 510만㎡(제곱미터) 크기의 두바이 쇼핑몰과, 높이가 약 828m나 되는 높은 빌딩 부르즈 할리파 등으로 유명하답니다.

두바이 몰

부르즈 할리파

두바이 프레임 모양의 핵심은 바로 **수직**과 **평행**이에요. 두 개의 나무 막대를 자유롭게 놓아 보세요. 막대가 완전히 포개어지게 놓을 수도 있고, 서로 한 점에서 만나게 놓을 수도 있고, 또 서로 만나지 않게 놓을 수도 있지요.

두 막대가 서로 한 점에서 만나는 경우를 살펴볼까요? 아래 그림처럼 여러 가지 방법으로 두 나무 막대를 한 점에서 만나게 놓을 수 있어요.

이제 두 막대를 직선이라고 상상해 보세요. ②처럼 두 직선이 한 점에서 만나 생기는 각이 직각일 때 두 직선은 서로 **수직**이라 하고, 이때 수직인 직선 중 한 직선을 다른 직선에 대한 **수선**이라고 한답니다.

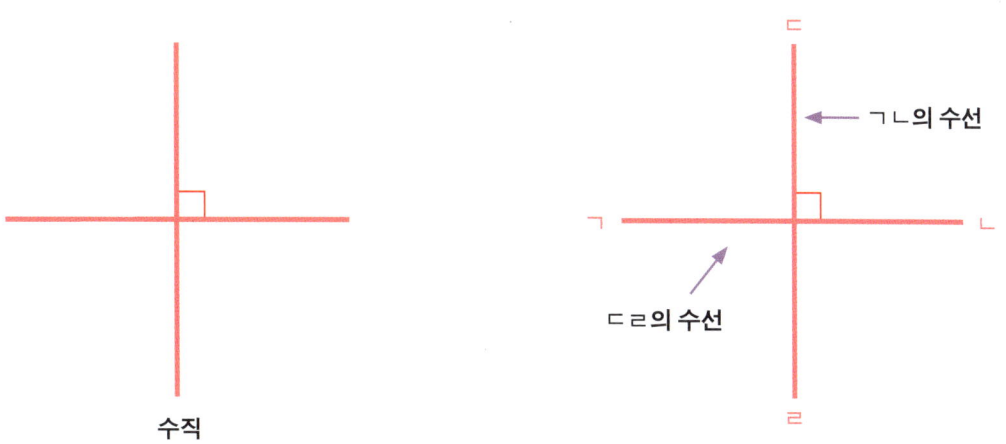

이번에는 두 막대가 서로 만나지 않게 놓아 볼까요?

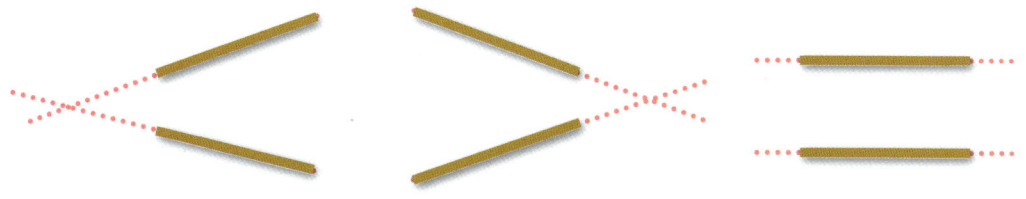

첫 번째와 두 번째 그림에서 두 막대가 조금 더 길면 서로 만나게 될 거예요. 반면, 세 번째 그림에서 두 막대는 아무리 늘여도 서로 만나지 않게 되지요. 수학에서 서로 떨어져 있는 두 직선이 있을 때, 세 번째 그림의 막대처럼 두 직선이 서로 만나지 않는 경우를 **평행**이라고 한답니다. 평행한 두 직선은 **평행선**이라 하고, 평행선 사이의 수직인 선분의 길이는 **평행선 사이의 거리**라고 해요.

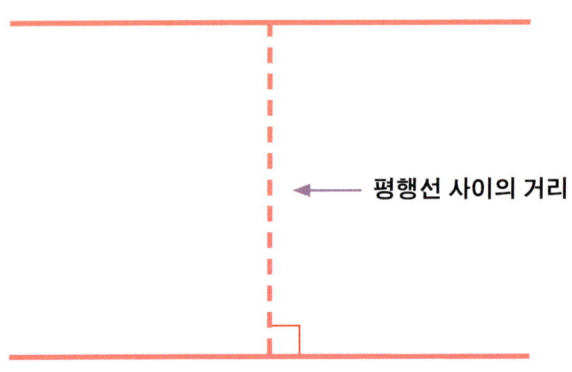

평행선 사이의 거리는 평행선 어느 곳에서 재도 항상 똑같아요.

두바이 프레임은 수직과 평행을 이용해 반듯하고 거대한 틀이 될 수 있었어요. 두바이 프레임에서 수직으로 만나는 선과 평행선을 찾아볼까요?

하나 더+ 세상에서 가장 큰 도난품

2009년 두바이에서는 건축물 디자인 공모전이 열렸어요. 이 대회의 우승자는 바로 페르난도 도니스였어요. 도니스는 두바이 자체를 하나의 상징으로 떠올렸다고 말했어요. 그래서 거대한 건물을 만드는 대신 변화하는 도시를 그대로 담을 수 있는 커다란 액자 틀을 디자인했지요. 도니스의 참신한 아이디어에 심사위원들은 박수를 보냈고, 도니스는 우승 상금 10만 달러(약 1억 3천만 원)를 받게 되었어요.

우승의 기쁨은 잠시뿐이었어요. 2016년 도니스는 두바이 프레임을 세상에서 가장 큰 도난품이라고 말하며, 두바이 토후국과 공모전 주최사를 상대로 소송을 제기했어요. 두바이 토후국이 두바이 프레임을 건축하면서 도니스와는 어떤 계약도 하지 않았기 때문이지요. 도니스는 자신이 설계한 디자인은 대회를 위한 것이었지 실제 건축에 사용되는 것을 허락한 적 없다고 했어요. 또 두바이 토후국이 원래 자신의 디자인을 변경했다고 주장했어요. 반면 두바이 토후국은 대회 자체가 두바이를 주제로 한 것이었고, 도니스의 디자인을 참고했을 뿐 실제 두바이 프레임의 모습은 도니스의 설계와 다르다고 말했어요.

도니스의 디자인과 두바이 프레임을 살펴봐요. 여러분은 누구의 주장이 옳다고 생각하나요?

2009년 도니스의 디자인

❺ 최초의 아파트
유니테 다비타시옹

제2차 세계 대전이 끝난 후 프랑스에는 사람들이 살 집이 부족했어요. 전쟁으로 집이 모두 무너져 버렸기 때문이에요. 유명한 건축가 르 코르뷔지에는 도시를 바꿀 새로운 집합 주택, 유니테 다비타시옹을 생각해 냈어요. 르 코르뷔지에가 처음 이 건축물을 지으려고 할 때 사람들은 아파트의 개념을 이해하지 못했어요. 그래서 수많은 사람들이 반대하기도 했지요. 하지만 르 코르뷔지에와 그를 지지하는 사람들 덕분에 1945년 아파트의 시초가 되는 유니테 다비타시옹이 탄생하게 됩니다.

르 코르뷔지에는 현대 건축의 아버지라고 불리는 건축가이자 화가, 디자이너에요. 그는 원래 스위스 사람이었으나 1930년 프랑스로 이민을 갔어요. 유럽, 일본, 인도, 북미 및 남미 등 전 세계에 많은 건축물을 지었고, 그 중 7개 나라의 건물들이 유네스코 세계 문화유산에 등재되어 있답니다.

르 코르뷔지에(1887~1965)

르 코르뷔지에가 건축가로 활동하던 당시 제1차 세계 대전이 일어났어요. 유럽의 전 지역은 엉망이 되었지만, 산업화로 대도시만큼은 금세 활기를 되찾았지요. 시골 농부들이 공장 노동자가 되려고 도시로 오는 경우도 많았어요. 그로 인해 파리 인구수는 급격하게 늘어났고 사람들이 살 곳이 부족해졌어요. 가난한 사람들은 도시 곳곳에 판자로 만든 집에서 어려운 생활을 견뎌야 했어요.

공장에서 물건을 많이 만들어 경제가 발전하는 것을 산업화라고 해.

르 코르뷔지에는 이런 사람들을 위한 집과 도시 형태를 생각해 냈어요. 파리 시내에 60층이 넘는 고층 건물을 세우고, 그 근처에 공원을 만드는 것이지요. 르 코르뷔지에의 아이디어는 지금 현대 도시의 모습과 많이 닮았지요? 하지만 당시 르 코르뷔지에의 제안은 받아들여지지 않았어요. 많은 사람들이 높은 건물이 파리의 아름다움을 해칠 것이라고 생각했기 때문이에요.

이어 제2차 세계 대전이 일어났고, 유럽은 또 폐허가 되어 버렸지요. 르 코르뷔지에는 다시 작은 크기의 땅에 많은 사람이 쾌적하게 살 수 있는 주거지를 생각해 냈어요. 그리하여 1952년 프랑스 마르세유에 '유니테 다비타시옹'이 세워지게 되었지요.

유니테 다비타시옹은 가로 137m(미터), 높이 70m에 달하는 철근 콘크리트 건물이에요. 건설 비용을 낮추기 위해 비싼 강철 대신 콘크리트와 철근을 이용해 만들어졌어요. 337가구로 구성되어 1,600여 명이 살 수 있고, 건물 내부에는 상점, 세탁소 등의 편의 시설도 만들어졌어요. 옥상에는 아이들을 위한 놀이터와 정원이 마련되었답니다.

르 코르뷔지에는 가게에서 병을 선반에 정리하는 것을 보고 아이디어를 얻었어요. 집을 쌓아 올린 형태의 거대한 공동 주택의 구조를 생각해 낸 것이지요. 이처럼 같은 크기의 사각형을 연결하여 사람들이 가장 편안함을 느끼는 공간의 크기로 집을 짓는 방법을 모듈 방식이라고 해요.

유니테 다비타시옹 설계의 핵심은 네모, 즉 **사각형**이에요. 사각형은 4개의 선분으로 둘러싸인 도형이에요. 삼각형과 마찬가지로 사각형을 둘러싸고 있는 4개의 선분을 '변'이라고 하고, 변과 변끼리 만나는 점을 '꼭짓점'이라고 하지요. 사각형의 변의 개수는 4개이고, 꼭짓점의 개수도 4개랍니다.

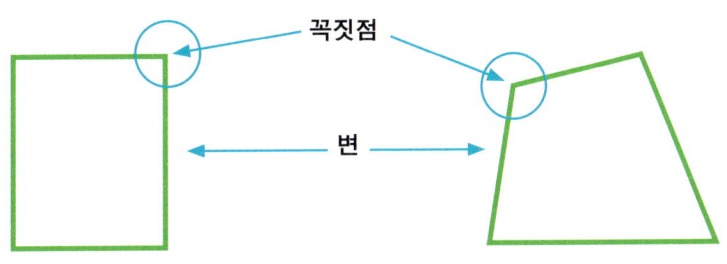

사각형은 각도와 변의 길이를 기준으로 분류할 수 있어요. 네 변이 서로 수직으로 만나는 사각형, 즉 네 각이 모두 직각인 사각형을 **직사각형**이라고 해요. 그리고 직사각형 중 네 변의 길이가 모두 같은 사각형을 **정사각형**이라고 하지요.

직사각형
네 각의 크기가 같아요.

정사각형
네 각의 크기와 네 변의 길이가 같아요.

마주 보는 변 중에서 평행한 변이 한 쌍 있는 사각형을 **사다리꼴**이라고 해요. 그리고 사다리꼴 중에서 마주 보는 두 쌍의 변이 모두 평행한 사각형을 **평행사변형**이라고 하지요. 이때 평행사변형은 마주 보는 두 쌍의 변이 모두 평행하므로 사다리꼴이라고도 할 수 있답니다.

평행사변형 중에서 네 변의 길이가 같은 사각형을 **마름모**라고 해요. 네 변의 길이가 같은 정사각형은 마름모라고 할 수 있지만, 마름모는 네 각이 직각이 아니므로 정사각형이라고 할 수 없어요.

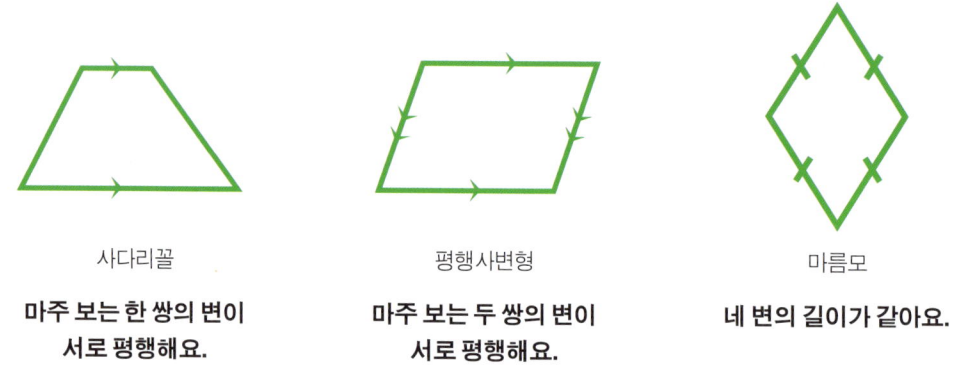

사다리꼴
마주 보는 한 쌍의 변이 서로 평행해요.

평행사변형
마주 보는 두 쌍의 변이 서로 평행해요.

마름모
네 변의 길이가 같아요.

●▲■ 사각형 사이의 관계

여러 가지 사각형 사이의 관계는 다음과 같이 정리할 수 있어요.

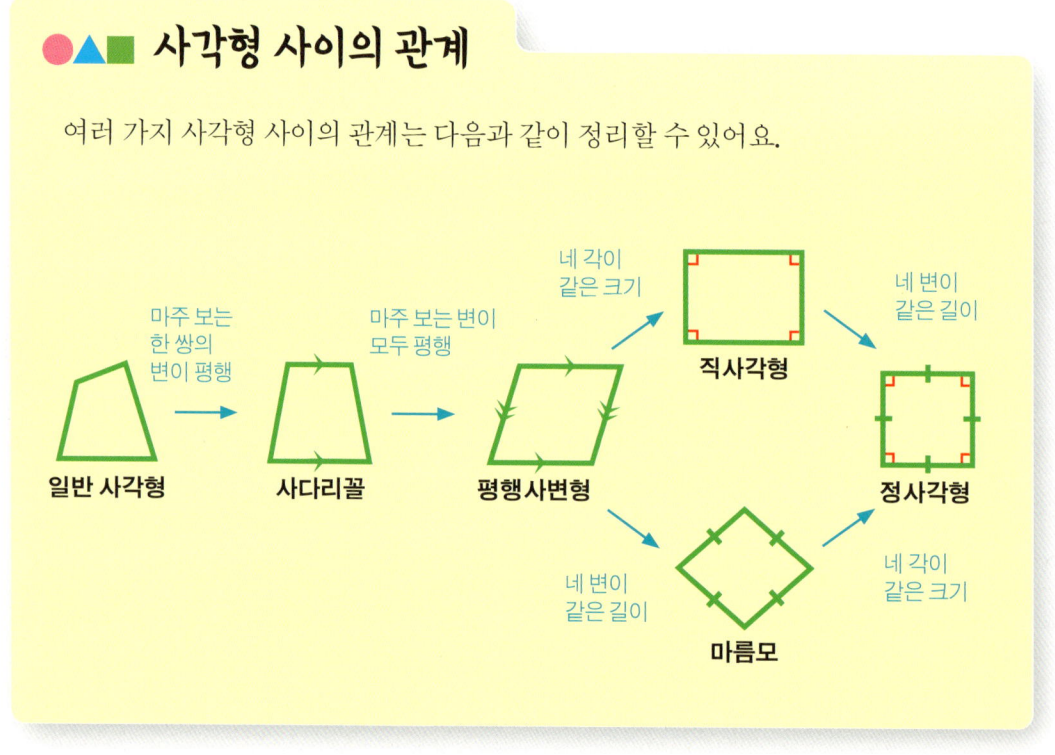

유니테 다비타시옹이 세워진 이후 아파트, 백화점, 회사 건물 등 많은 사람이 사용하는 건물은 대부분 직사각형 또는 정사각형을 이용해 설계되기 시작했어요. 직사각형과 정사각형을 이루는 직각 덕분에 위로 같은 모양을 계속 쌓아도 건물이 잘 무너지지 않겠지요?

유니테 다비타시옹과 우리 주변의 건물들을 보면 모두 직사각형으로 둘러싸인 상자 모양이에요. 이러한 도형을 **직육면체**라고 해요. 직육면체에서 '면'은 평면도형으로 둘러싸인 부분을 말해요. 또 면과 면이 만나는 선분을 '모서리'라고 하고, 모서리와 모서리가 만나는 점을 '꼭짓점'이라고 해요. 또 주사위처럼, 직육면체 중 크기가 같은 정사각형 모양의 면 6개로 둘러싸인 도형은 특별히 **정육면체**라고 해요.

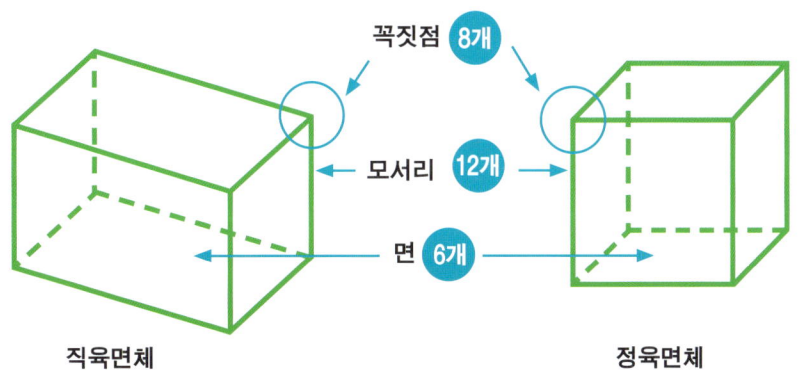

직육면체와 정육면체 모두 마주 보는 면은 서로 평행하고 크기와 모양이 같아요. 아파트를 지을 때, 반듯하지 못한 상자 모양으로 만든다면 높은 아파트를 짓기 어렵겠지요? 이때, 모양과 크기가 같아서 포개었을 때 완전히 겹쳐지는 두 도형을 **합동**이라고 해요. 아래 직육면체에서 같은 색으로 칠해진 면은 서로 합동이에요.

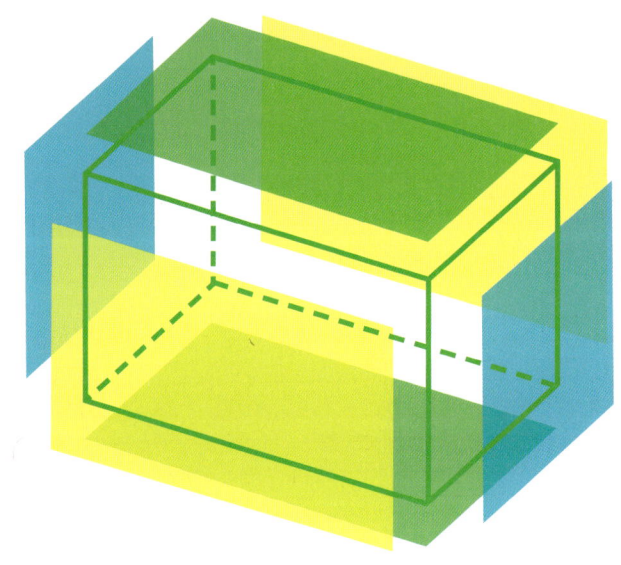

합동인 두 도형에서 서로 포개어지는 꼭짓점과 꼭짓점, 변과 변, 각과 각은 서로 대응한다고 해요. 따라서 합동인 두 도형을 완전히 포개었을 때 겹쳐지는 점을 대응점, 겹쳐지는 변을 대응변, 겹쳐지는 각을 대응각이라고 하지요.

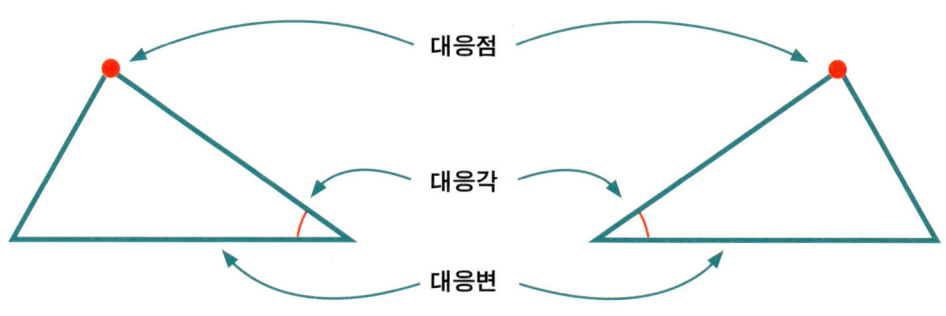

하나 더+ 건물, 아름다운 직사각형의 옷을 입다

직사각형은 건물을 설계할 때 많이 사용되지만, 그 자체로도 아름다움을 느끼게 해요. 네덜란드의 화가인 피에트 몬드리안은 직선과 직각을 이용해 여러 사각형을 그린 후 이를 아름답게 칠해 다양한 작품을 남겼어요.

〈빨강, 파랑, 노랑의 구성〉　〈뉴욕 시티 I〉

몬드리안 작품의 직사각형은 이후 다른 그림뿐 아니라 가구, 생활 소품, 옷의 디자인 등 여러 분야에 활용되었어요. 건물을 아름답게 꾸미는 데에도 사용되었지요. 2017년 네덜란드의 도시 헤이그에서는 몬드리안을 기념하기 위해 헤이그 시청을 비롯해 도시의 주요 건물들을 몬드리안의 디자인으로 꾸미기도 했어요.

❻ 미국을 지키는 도형
펜타곤

미국 국방성 청사는 미국 군대와 관련된 모든 정보를 다루는 곳으로, 세계에서 가장 큰 사무실 건물로 유명합니다. 지하 2층, 지상 5층으로 지어진 미국 국방성 청사는 축구장 약 20개를 합한 정도의 넓이를 가지고 있어요. 미국 국방성 청사는 독특한 모양 때문에 '펜타곤'이라는 별명으로 불리지요.

미국은 50개의 주와 1개의 특별구로 이루어진 연방 공화국이에요. 특별구는 미국의 수도인 워싱턴 D.C.로 미국의 어느 주에도 속하지 않는 독립 행정 구역이에요. 태평양에 있는 하와이를 제외한 모든 주와 특별구는 북아메리카 대륙에 위치하고 있어요.

미국은 세계에서 손꼽히는 다문화 국가 중 하나예요. 백인, 흑인, 아시아인 등의 여러 인종이 함께 모여 살고 있어요. 펜타곤이 지어질 당시 미국에서는 짐크로 법이라는 인종 차별법이 있었어요. 백인과 유색 인종이 같은 공간에서 일하지 못하도록 분리하는 악법이었지요. 하지만 당시 프랭클린 루스벨트 대통령은 정부에서 일하는 근로자에 대해 인종, 종교, 국적의 차별을 금지하도록 했어요. 그래서 미국 국방성 청사는 백인과 유색 인종이 분리되지 않고 일하는 건물이 되었답니다. 하지만 화장실은 당시 법을 따라 지어져, 펜타곤에는 백인과 유색 인종이 쓰는 곳을 구분하여 무려 284개의 화장실이 만들어졌다고 해요.

펜타곤은 제2차 세계 대전 중에 지어졌어요. 전쟁을 준비하기에는 기존의 국방부 건물이 너무 작았기 때문이에요. 펜타곤이 사각형 모양이 아닌 이유는 원래 미국 국방성을 짓기로 했던 땅의 모양이 사각형이 아니었기 때문이에요.

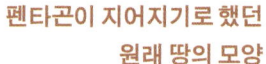
펜타곤이 지어지기로 했던
원래 땅의 모양

펜타곤은 계획했던 땅에 지어지지 못했어요. 펜타곤을 세우기로 한 땅 근처에 국립묘지가 있었는데, 건물이 세워지면 묘지가 가려진다는 비판이 있었기 때문이에요. 펜타곤은 결국 다른 지역에 세워졌지만, 원래 설계했던 독특한 모양을 유지한 채 지어졌답니다.

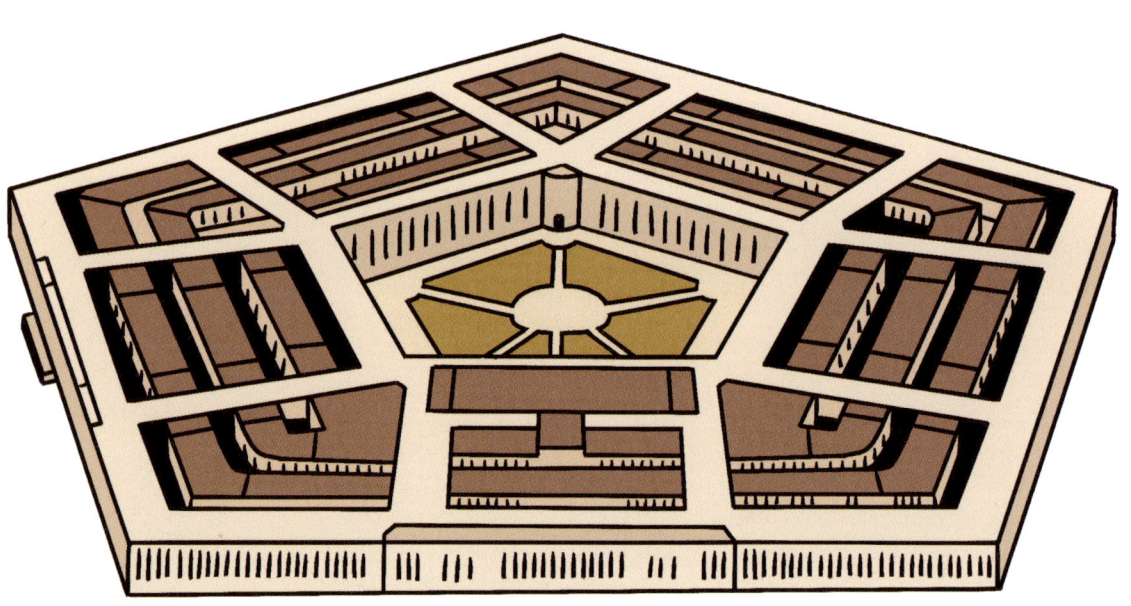

펜타곤(pentagon)은 오각형이라는 뜻을 가진 영어 단어예요. 오각형은 변과 꼭짓점이 5개인 도형을 뜻하지요.

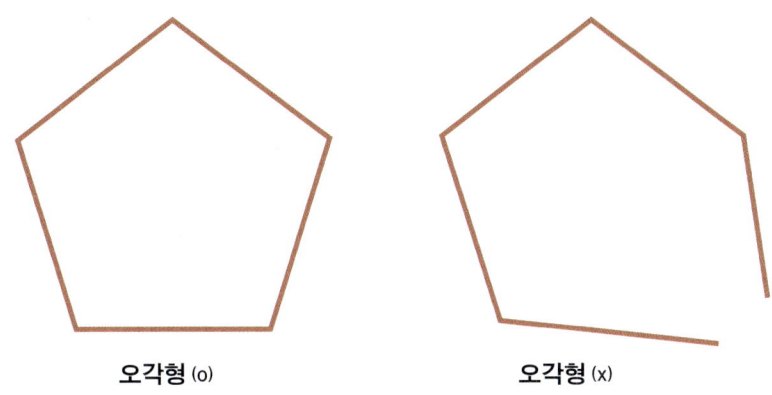

오각형 (o)　　　　　오각형 (x)

앞에서 변과 꼭짓점이 3개인 도형은 삼각형, 4개인 도형은 사각형이라고 했던 것을 기억하나요? 변과 꼭짓점이 5개인 도형은 오각형이라고 했으니, 변과 꼭짓점이 6개인 도형은 무엇일까요? 맞아요. 바로 육각형이랍니다.

도형의 이름	삼각형	사각형	오각형	육각형
모양	△	□	⬠	⬡
변의 수	3	4	5	6
꼭짓점의 수	3	4	5	6

도형은 이처럼 변과 꼭짓점의 개수에 따라 이름을 붙여요. 변과 꼭짓점이 7개면 칠각형, 20개면 이십각형이 되는 것이지요. 이때, 3개 이상의 선분으로 둘러싸인 도형을 모두 다각형이라고 해요. 삼각형, 사각형, 오각형…이 모두 다각형이에요.

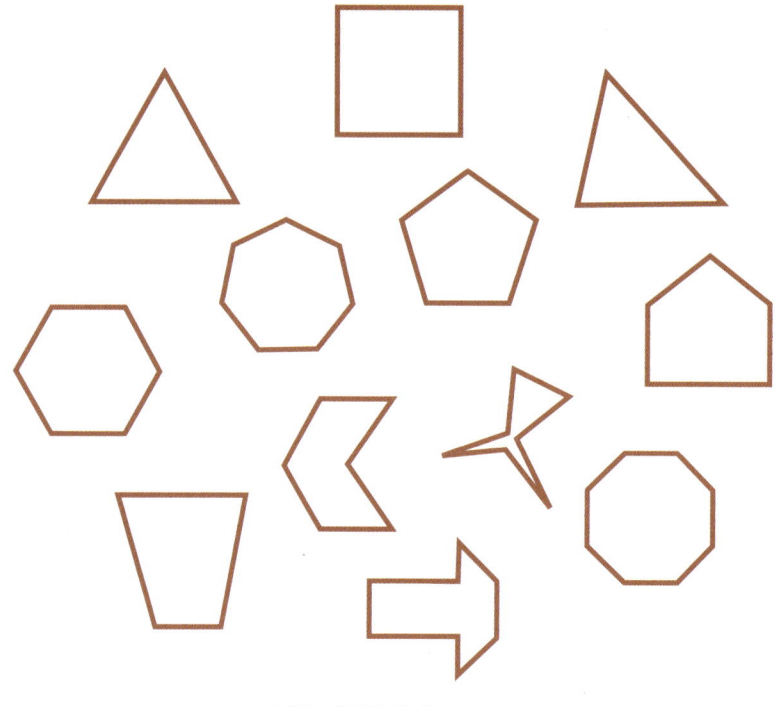

모두 다각형이에요.

곡선이 섞여 있거나 선분이 완전히 이어져 있지 않은 경우는 다각형이라고 하지 않아요.

곡선이 있는 경우 　　　　　선분이 완전히 이어지지 않은 경우

모두 다각형이 아니에요.

다각형 중에서 변의 길이가 모두 같고, 도형 안쪽에 두 선분이 이루는 각의 크기 역시 모두 같은 다각형은 특별히 정다각형이라고 한답니다.

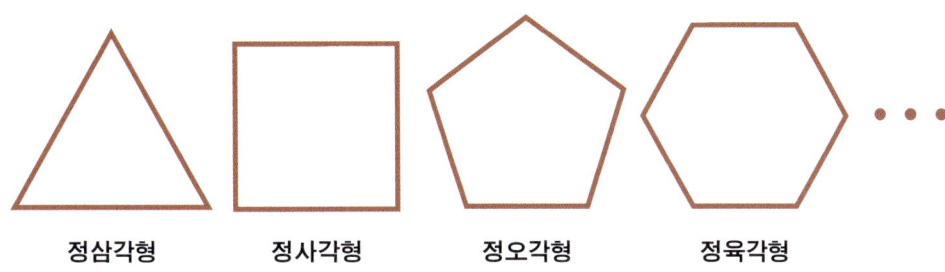

정삼각형   정사각형   정오각형   정육각형

오각형을 비롯한 모든 다각형들은 평면도형이에요. 하지만 우리가 실제로 보는 미국 국방성의 건물은 높이가 있는 입체도형이지요. 미국 국방성처럼 위아래에 있는 두 면이 서로 합동인 오각형이고 기울어지지 않게 서 있는 입체도형을 **오각기둥**이라고 해요.

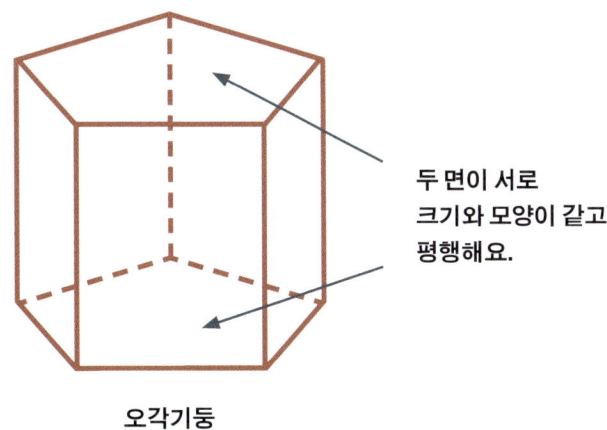

오각기둥

두 면이 서로 크기와 모양이 같고 평행해요.

오각기둥처럼 위아래에 있는 두 면이 서로 크기와 모양이 같고 평행한 다각형으로 이루어진 입체도형을 **각기둥**이라고 한답니다.

각기둥의 위와 아래에 있는 면은 평행이므로 서로 만나지 않아요. 이렇게 각기둥에서 서로 평행하고 나머지 다른 면에 수직인 두 면을 '밑면'이라고 해요. 각기둥의 밑면은 항상 2개이고, 밑면의 모양은 각기둥마다 달라요.

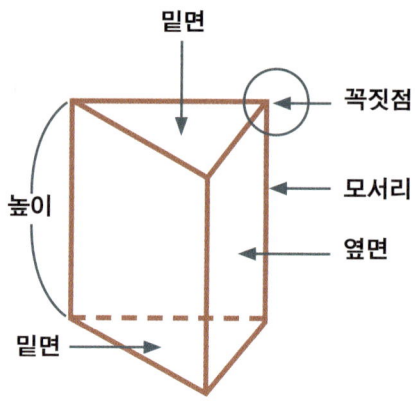

밑면에 수직인 면은 '옆면'이에요. 각기둥의 옆면은 항상 직사각형이고, 옆면의 개수는 밑면의 모양에 따라 달라지지요. 만약 밑면이 삼각형이면 옆면의 개수는 3개, 사각형이면 옆면의 개수는 4개, 오각형이면 옆면의 개수는 5개가 돼요. 직육면체와 마찬가지로 각기둥에서 면과 면이 만나는 선분을 '모서리'라고 하고, 세 모서리가 만나는 점을 '꼭짓점', 두 밑면 사이의 거리를 '높이'라고 해요.

각기둥의 이름은 밑면의 모양에 따라 정해져요. 펜타곤과 같은 입체도형은 밑면이 오각형이어서 오각기둥이라고 한 것이지요. 마찬가지로 밑면이 삼각형이면 삼각기둥, 사각형이면 사각기둥, 육각형이면 육각기둥이라고 한답니다. 그중 사각기둥은 특별히 직육면체라고도 하지요.

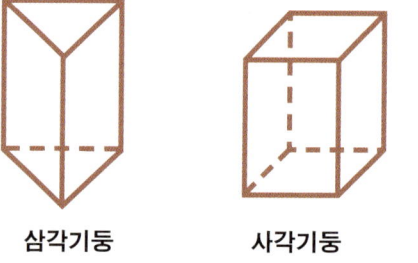 

하나 더+ 매점을 폭파하라!

제2차 세계 대전이 끝난 뒤 미국, 영국, 소련 등의 연합국 대표들은 전쟁을 막고 평화를 지킬 방법에 대해 서로 이야기를 나누었어요. 그 결과 1945년 10월, '국제 연합'이 탄생했지요.

국제 연합에 가입한 국가는 한마음인 것처럼 보였지만, 미국과 소련의 속마음은 서로 달랐답니다. 소련은 동유럽에서, 미국은 서유럽에서 서로 다른 세력을 키워 나갔어요. 이렇게 세계가 두 편으로 나누어진 시기를 냉전 시대라고 해요. 미국과 소련은 서로를 견제하며 몰래 전쟁 준비까지 했어요. 소련은 위성을 쏘아 올려 미국 군대의 움직임을 감시했는데 특히 미국 국방성, 즉 펜타곤을 예의 주시했어요.

그라운드 제로

소련은 펜타곤의 정중앙에 있는 건물을 발견했어요. 이 건물에 매일 수많은 사람이 오가는 것까지 확인했지요. 소련은 이 건물이 핵심 시설이라고 생각해 전쟁이 나면 이곳을 먼저 파괴하기로 계획했어요. 그리고 이곳을 공격 지점을 뜻하는 영어인 그라운드 제로(Ground Zero)라고 불렀답니다.

그라운드 제로 카페

사실 이 건물의 정체는 모든 군인이 누구나 사용할 수 있는 매점이었어요. 인공위성으로는 사람들이 오가는 모습만 볼 수 있을 뿐, 내부를 알 수 없었기에 소련이 착각한 것이지요. 이러한 일화로 지금은 매점의 이름이 그라운드 제로 카페(Ground Zero Cafe)로 바뀌었답니다.

7 잊지 못할 추억
알람브라 궁전

알람브라 궁전은 스페인 남부 안달루시아 주의 그라나다 지역에 있어요. 이곳은 과거 800년이라는 긴 시간 동안 이슬람권의 지배를 받았어요. 이 때문에 안달루시아의 건축과 의상은 이슬람 문화와 스페인 문화가 합쳐져 독특한 형태로 발전하게 되었지요. 알람브라 궁전도 스페인에 있지만 이슬람 문화의 영향을 받은 건축물이에요. '알람브라(Alhambra)'라는 이름 역시 아랍어에서 유래된 것으로 '붉은 성'을 의미하지요.

유럽에 있는 스페인의 정식 이름은 에스파냐(España)예요. 우리가 흔히 사용하는 스페인(Spain)은 영어식 이름이지요. 스페인은 축구와 투우로 유명해요. 과거에는 '무적함대'라고 불리는 강력한 해군으로 유럽의 바다를 지배했답니다.

스페인에 있는 알람브라 궁전의 아름다움은 세계적으로 유명해요. 이슬람 예술의 결정체라 불리는 알람브라 궁전은 그라나다를 지배했던 권력자들도 무척 사랑했다고 해요. 이슬람 세력이 약해져 이곳을 다시 스페인에 되돌려주고 고국으로 돌아가야 했던 나스르왕조 무함마드 12세는 "영토를 빼앗기는 것보다 이 궁전을 떠나는 게 더 슬프구나."라고 하며 눈물을 흘렸다고 해요.

알람브라 궁전 내부

스페인의 이사벨 여왕 1세는 스페인 남부 지방을 되찾은 후, 이슬람 문화의 흔적을 지우기 위해 애썼어요. 이슬람의 종교 건물들을 성당으로 다시 짓고, 미처 떠나지 못한 이슬람인들을 추방하거나 그들에게 종교를 바꾸도록 강요했어요. 하지만 알람브라 궁전만큼은 너무 아름다워 손대지 않고 그대로 두었답니다. 이후 1870년 알람브라 궁전은 스페인의 국가 기념물로 지정됐으며, 1894년 유네스코 세계 문화유산으로 인정되어 그 명성이 알려지기 시작했어요.

알람브라 궁전은 기하학적인 장식으로 유명해요. 기하학이란 도형과 공간의 성질에 대한 것이에요. 이슬람교에서는 신 이외의 대상을 숭배하는 것을 금지했기 때문에, 사람 혹은 동물 모양의 그림을 그릴 수가 없었지요. 그래서 알람브라 궁전은 여러 도형을 사용한 아라비아풍 무늬만으로 벽과 바닥을 장식했어요.

알람브라 궁전의 기하학적 무늬들은 **평면도형의 이동**을 이용해 만들어요. 평면도형을 이동하는 방법에는 밀기, 뒤집기, 돌리기가 있지요. **밀기**는 도형의 위치를 바꾸는 것이에요. 어느 방향으로 밀어도 도형의 크기와 형태는 변하지 않아요.

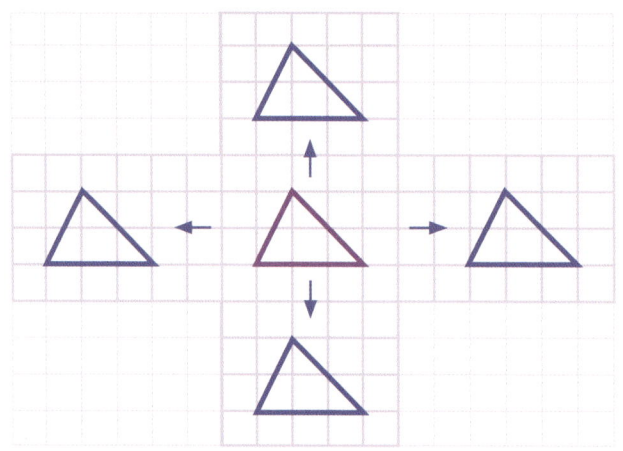

뒤집기는 도형의 방향을 바꿀 수 있어요. 도형을 왼쪽이나 오른쪽으로 뒤집으면 왼쪽과 오른쪽의 방향이 바뀌어요. 또 도형을 위쪽이나 아래쪽으로 뒤집으면 위쪽과 아래쪽의 방향이 바뀐답니다.

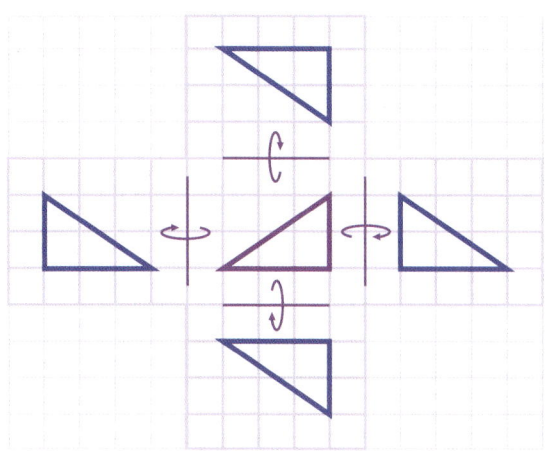

돌리기는 도형의 모양을 바꿀 수 있어요. 예를 들어, 어떤 도형을 오른쪽으로 90°(도)만큼 돌리면 위쪽은 오른쪽으로, 오른쪽은 아래쪽으로, 아래쪽은 왼쪽으로, 왼쪽은 위쪽으로 모양이 바뀌게 돼요. 그리고 360°만큼 돌리면 돌리기 전의 도형의 모양과 동일하답니다.

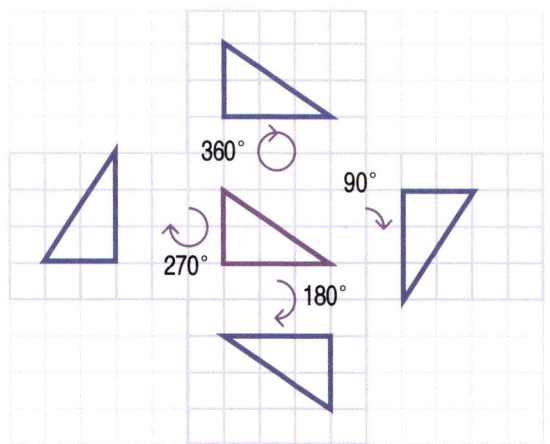

이렇게 밀기, 뒤집기, 돌리기를 사용하면 알람브라 궁전처럼 아름다운 무늬를 만들 수 있어요.

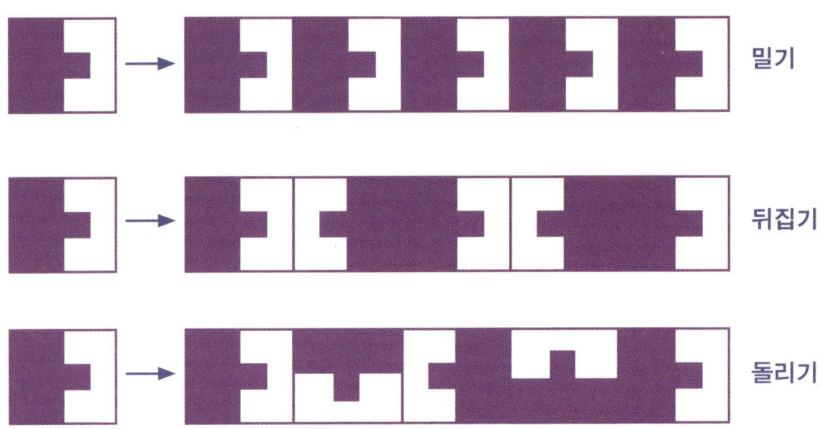

알람브라 궁전의 아름다운 무늬

평면도형의 이동으로 이렇게 아름다운 무늬를 만들 수 있다니...

하나 더+ 아름다움을 창조하는 방법, 테셀레이션

테셀레이션(Tessellation)의 테셀라(tessera)는 '4'를 의미하는 그리스어에서 비롯되었어요. 이때 4는 사각형을 나타내지요. 테셀레이션은 사각형 등의 도형을 규칙적으로 배열해 평면을 빈틈없이 덮는 방법이에요.

테셀레이션의 역사는 오래되었는데 카펫, 옷, 건축물에서 그 역사를 찾을 수 있어요. 알람브라 궁전의 무늬 역시 테셀레이션의 대표적인 예이지요.

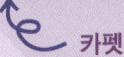 카펫

가장 간단한 형태의 테셀레이션은 정삼각형, 정사각형, 정육각형을 이용하는 것이에요. 아래 그림처럼 정삼각형, 정사각형, 정육각형의 도형을 이용해 밀기, 뒤집기, 돌리기를 하면 평면을 빈틈없이 메울 수 있어요.

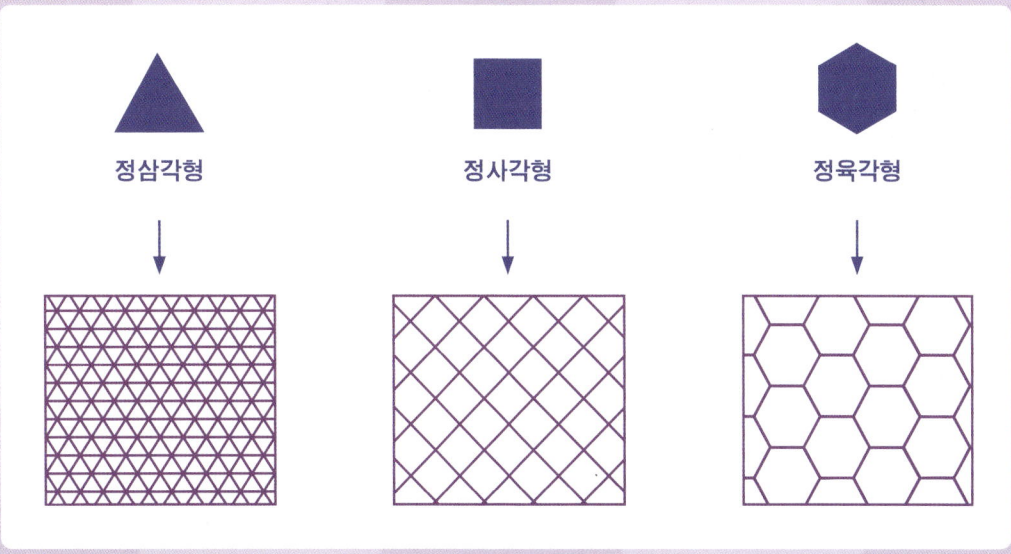

❽ 신이 주신 곡선
사그라다 파밀리아 성당

스페인 바르셀로나에 위치한 사그라다 파밀리아 성당은 성가족 성당이라는 뜻이 있어요. 성가족은 예수님과 성모 마리아, 요셉을 뜻해요. 사그라다 파밀리아 성당은 1882년부터 지어지기 시작했는데, 건축물을 설계한 가우디가 전차에 치이는 사고로 사망한 후 공사가 중단되었다가 1953년에 다시 시작되었어요. 공사를 다시 진행할 수 있었던 이유는 가우디가 살아있을 때 사그라다 파밀리아 성당의 설계도를 남겨 두었기 때문이지요.

안토니오 가우디는 스페인의 대표 건축가예요. 가우디가 지은 건축물 중 '스페인 구엘 공원, 콜로니아 구엘 성당의 지하 예배당, 구엘 저택, 카사 바트요, 카사 밀라, 카사 비센스, 사그라다 파밀리아 성당'이 유네스코 세계 문화유산에 등재되어 있지요.

안토니오 가우디(1852~1926)

가우디는 건물을 지을 때 자연과의 조화를 가장 중요시했어요. 자연의 순수함을 통해 건물의 새로운 이미지를 떠올린다고 이야기하기도 했지요. 자연의 영감을 받은 가우디의 작품들이에요.

구엘 공원의 도롱뇽

구엘 파빌리온의 입구

가우디가 활동했던 당시에는 교회 건축물을 고딕 양식에 따라 곧은 형태로 짓는 것이 일반적이었어요. 고딕 양식에서는 건물을 땅과 수직으로 짓기 때문에, 건물이 무너지지 않도록 부벽을 덧대야 했지요.

부벽

사그라다 파밀리아 성당 • 59

가우디는 이 부벽을 '보기 딱한 목발'이라고 불렀어요. 그래서 부벽을 덧붙이지 않으면서도 건물의 안전성을 높이는 방법을 생각해 냈지요. 가우디는 먼저 실의 양 끝을 천장에 매달고 모래주머니를 중간에 매달아 실이 휘어지는 형태를 측정했어요. 그리고 실이 안정된 형태가 되었을 때, 그것을 뒤집은 모양을 반영하여 사그라다 파밀리아 성당을 설계했어요.

가우디는 정확한 실험과 계산을 통해 40년 동안 사그라다 파밀리아 성당을 설계하고 건축했어요. 가우디는 이 건물이 완성되기까지 약 200여 년이 걸릴 것이라 예상하여, 설계도를 자세히 그려 놓았지요.

가우디가 예상한 대로 그가 사망할 때까지 사그라다 파밀리아 성당은 완성되지 못했어요.

1905년

2019년

현수선을 이용하여 설계된 사그라다 파밀리아 성당은 바깥쪽이 모두 곡선 형태를 이루고 있어요. 곡선으로 이루어진 건축물은 당시에는 보기 드물었답니다. 가우디는 건축물과 자연의 조화를 강조하기 위해 곡선의 아름다움을 살린 섬세한 장식을 사용했어요. 가우디는 이 건물을 설계하면서 이렇게 말했지요.

"직선은 인간이 만든 선이고, 곡선은 하느님이 만든 선이다."

가우디가 사용한 **곡선**도 도형이에요. 직선, 반직선, 선분이 도형인 것처럼요. 곡선은 굽은 선이라는 의미를 가지고 있어요.

여러 가지 곡선

곡선으로만 이루어진 도형은 꼭짓점이 없어요. 원, 타원, 포물선 역시 곡선이지요.

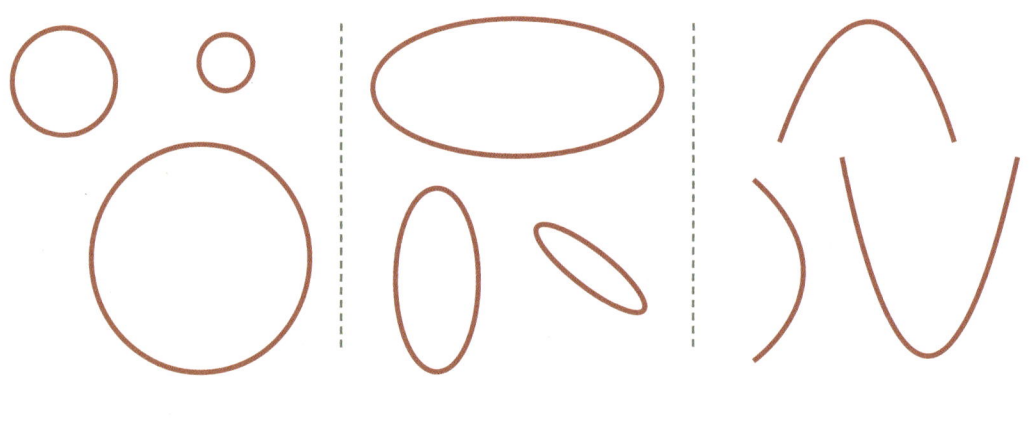

원　　　　　　　　타원　　　　　　　　포물선

하나 더+ 사그라다 파밀리아 성당이 불법 건축물?

사그라다 파밀리아 성당이 무려 137년 동안 불법 건축물이었다는 사실을 알고 있나요? 2015년, 스페인 바르셀로나에 새로운 시장이 취임했어요. 시장은 성당의 주변 시설이 성당 토지를 침범하고 있다고 생각했어요. 이를 확인하기 위해 성당 토지 장부를 찾으려 했지만, 무슨 이유인지 장부가 보이지 않았어요. 애초에 그 누구도 성당에 건축 허가를 내주지 않았던 것이지요.

사건의 시작은 1882년 성당 공사가 시작되던 해였어요. 그 당시 성당 땅의 행정 구역은 바르셀로나 시가 아닌 산 마르티 시였어요. 공사가 시작되고 3년 후, 가우디는 산 마르티 시청에 건축을 허가해 달라는 신청서를 냈어요. 하지만 산 마르티 시청은 신청서를 승인하지도, 거부하지도 않았어요. 이후 1897년 산 마르티가 바르셀로나에 합쳐져 성당은 바르셀로나의 땅이 되었지요. 그리하여 아무도 사그라다 파밀리아 성당이 허가 없이 건축 중이라는 사실을 모른 채로 130여 년이 흘렀어요.

2016년 바르셀로나 시청은 공식적으로 사그라다 파밀리아 성당이 무허가 건축물이라고 발표했어요. 원래 스페인에서는 무허가 건축물을 부수지만, 오랜 기간 동안 아무도 이의 제기를 하지 않으면 철거하지 않는다고 해요. 성당은 벌금으로 약 466억 원을 10년에 걸쳐 시청에 지급하기로 약속했답니다. 이렇게 사그라다 파밀리아 성당은 공사를 시작한 지 137년 만에 합법 건축물이 되었어요.

드디어 정식으로 허가를 받았군.

9 강에 비친 중국의 상징
서클 빌딩

중국 광저우에 있는 서클 빌딩은 건물 안쪽에 커다란 구멍이 있어 일명 '도넛 빌딩'이라고도 불려요. 서클 빌딩은 전체 33층으로 높이가 약 138m(미터)나 되고, 빌딩 가운데 뚫려있는 구멍의 가로 길이는 50m이지요. 이러한 독특한 구조 덕분에 서클 빌딩은 미국의 방송국 CNN에서 '세계에서 가장 흥미로운 10대 건물' 중 하나로 선정되었어요. 하지만 동시에 건축가들 사이에서는 '세계에서 가장 못생긴 건물' 중 하나로 손꼽히기도 했지요. 서클 빌딩은 그 모습에 대해 다양한 평가를 받고 있는 흥미로운 건물이랍니다.

아시아에 있는 중국은 인도와 함께 세계에서 인구가 아주 많은 국가로, 공식적인 명칭은 중화인민공화국이에요.

중국은 전 세계에서 종이와 화약을 가장 먼저 발명한 나라로 유명하지요. 또 국보로 손꼽히는 판다와 유네스코 세계 문화유산으로 지정된 만리장성도 빼놓을 수 없어요.

서클 빌딩은 중국의 여러 상징을 반영하여 설계되었어요. 특히 단순한 동그라미 형태가 아니라 강에 비쳤을 때의 모습을 고려하여 만들어졌지요. 서클 빌딩과 강에 비친 건물의 물 그림자를 합치면, 중국인이 가장 좋아하는 숫자 '8'의 모양이 돼요. 중국인이 8을 좋아하는 이유는 돈을 많이 번다는 의미를 가진 '파차이'라는 단어와 8의 발음 '파'가 비슷하기 때문이지요.

건물이 강에 비친 모습은 중국 고대 왕조의 옥으로 된 유물을 나타내기도 해요. 중국인은 은은한 색을 내는 보석인 '옥'을 좋아하고, 아름다운 것을 보면 옥을 떠올려요. 옥은 권력과 부를 상징하기도 했지요. 서클 빌딩의 건축가는 두 개의 동그라미가 연결된 옥 모양의 유물에서 건물의 디자인을 떠올렸다고 해요.

서클 빌딩의 앞모습은 동그랗지만, 건물 안쪽까지 동그랗게 생긴 것은 아니에요. 빌딩을 옆에서 보면 상자 모양의 사무실이 연결되어 있답니다.

서클 빌딩의 가운데 뚫린 부분 역시 안쪽에는 평평하게 만들어져 있어요. 이곳은 사람들이 앉아 도심을 구경할 수 있도록 개방되어 있어 관광지로도 유명하지요.

상자 모양의 사무실

이제 서클 빌딩의 모양을 한번 살펴봐요. 무엇이 보이나요? 서클 빌딩의 이름 서클(circle)은 동그라미, 즉 **원**이라는 뜻이 있어요. 컴퍼스를 이용해서 한 끝점을 고정하고 다른 한 끝점을 한 바퀴 돌려 보면 둥근 도형이 그려지는데, 이렇게 만든 도형이 '원'이에요. 즉, 원은 한 점에서 일정한 거리에 있는 점들이 만든 도형이라 할 수 있지요.

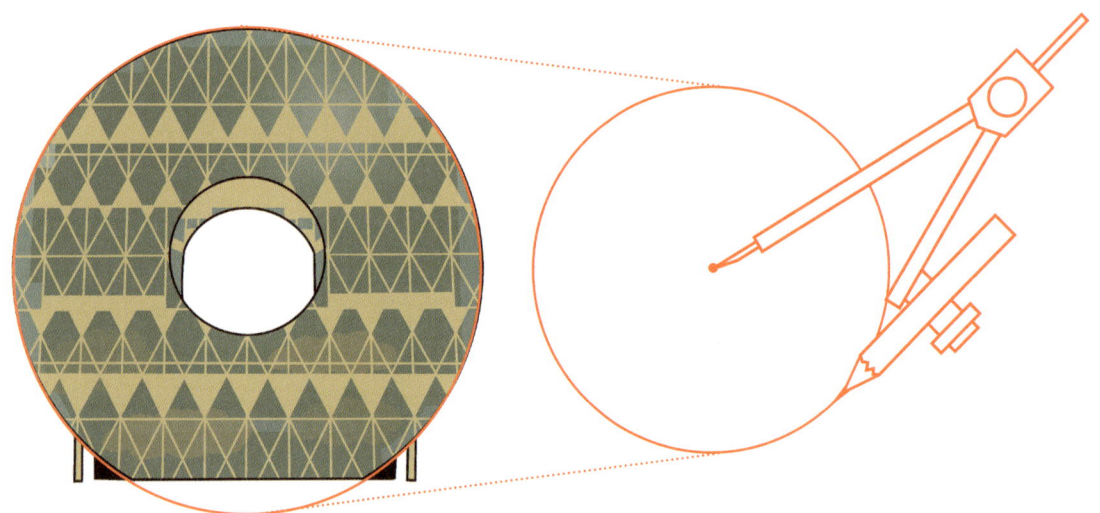

원을 그릴 때 컴퍼스로 고정한 한 끝점을 '원의 중심'이라고 하고, 원의 중심에서 원 위의 한 점까지의 거리를 '원의 반지름'이라고 한답니다. 한 원에서 원의 반지름은 무수히 많이 그을 수 있어요. 또 한 원에서 반지름의 길이는 모두 같지요.

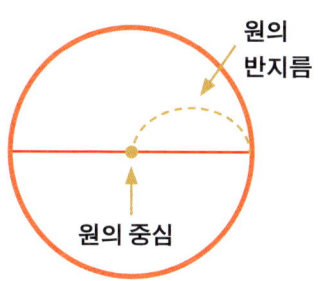

원 위의 두 점을 이어 볼까요? 두 점을 이은 여러 선분 중 길이가 가장 긴 선분은 원의 중심을 지나는 선분이랍니다. 이처럼 원의 중심을 지나는 선분을 '원의 지름'이라고 해요. 원의 지름도 반지름과 같이 한 원 안에서 무수히 많이 그을 수 있고, 한 원 안에서 원의 지름의 길이는 모두 같아요.

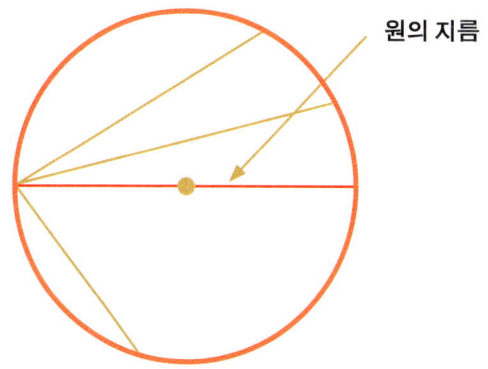

반지름은 지름의 반이라는 뜻을 가지고 있어요. 즉, 지름의 길이는 반지름의 길이의 2배가 된답니다.

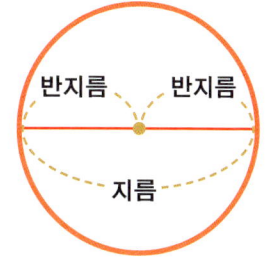

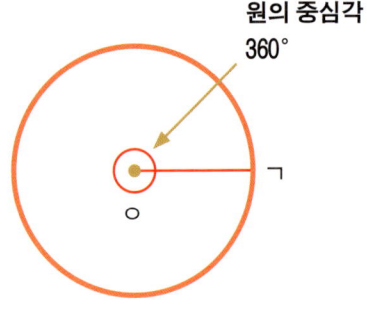

원의 중심에서 만들어지는 각을 '원의 중심각'이라고 해요. 원의 반지름이 원 전체를 한 바퀴 돌면 다시 제자리로 오게 되지요? 이때 만들어지는 각의 크기는 360°(도)랍니다. 따라서 원의 중심각은 360°라고 할 수 있어요.

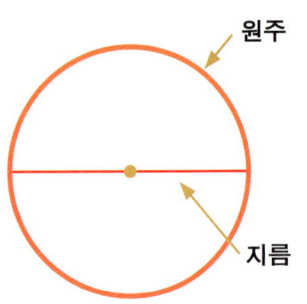

원의 둘레의 길이를 '원주'라고 해요. 원주와 지름의 길이는 아주 밀접한 관계가 있어요. 원주는 항상 지름의 길이의 약 3.14배이고, 이를 원주율이라고 해요. 즉 원주율은 지름의 길이에 대한 원주의 비율이지요. 원주율은 원의 크기와 상관없이 항상 일정해요.

원은 평면도형이에요. 하지만 서클 빌딩은 두께가 있어요. 이처럼 두 밑면이 합동인 원인 입체도형을 **원기둥**이라고 해요. 원기둥의 옆면은 구부러진 곡면인데, 직사각형을 밑면의 둘레를 따라 둥글게 말아 놓은 모양을 하고 있지요. 원기둥의 두 밑면에 수직인 선분의 길이를 '높이'라고 해요. 원기둥은 각기둥과는 달리 모서리와 꼭짓점이 없답니다.

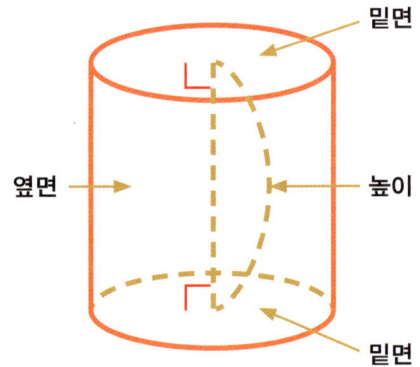

하나 더+ 서클 빌딩 속 원적문제

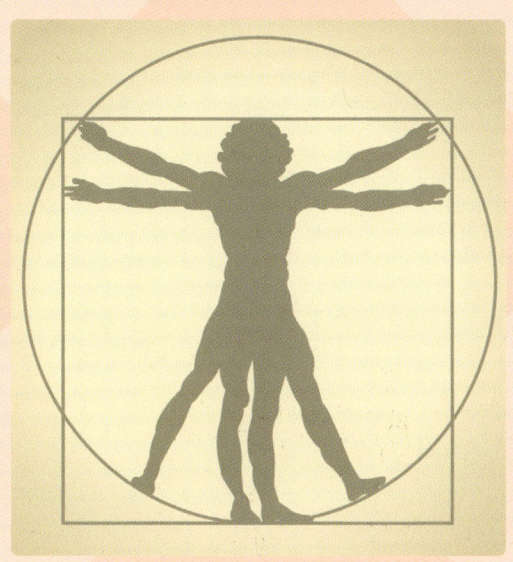

레오나르도 다빈치는 이탈리아의 화가, 조각가, 건축가예요. 그는 원 하나를 그리고 그 원과 넓이가 똑같은 정사각형을 그리고 싶어했어요. 다빈치의 작품 〈비트루비우스적 인간〉을 보면 그의 노력을 엿볼 수 있어요. 다빈치는 10여 년 동안이나 수많은 시도를 했지만 결국 그 해결 방법을 찾지 못했지요.

〈비트루비우스적 인간〉을 본뜬 그림

원과 같은 면적을 가진 정사각형을 자와 컴퍼스만으로 그려보는 것을 '원적문제'라고 해요. 원적문제는 고대 그리스 시대부터 기하학의 3대 문제 중 하나였어요. 1882년 수학자 페르디난트 폰 린데만이 '원과 같은 면적을 가진 정사각형을 그릴 수 없다'는 것을 수학적으로 증명하면서, 이 문제에 대한 수학자들의 도전은 끝이 났어요.

중국 광저우의 서클 빌딩을 지을 때에도 이 원적문제가 활용되었어요. 원과 똑같은 넓이의 사각형 건물을 지을 수 없었기 때문에 원의 넓이와 최대한 비슷하게 건물을 지은 후 앞뒤로 동그란 판을 붙여 건물을 완성한 것이지요.

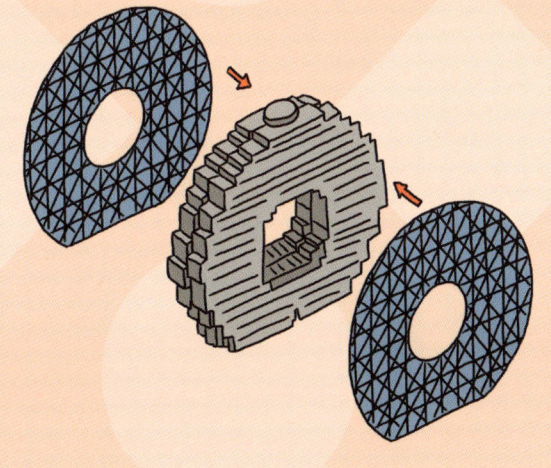

⑩ 과학과 자연의 조화
경복궁

태조 이성계는 조선을 세운 뒤, 1394년에 수도를 한양으로 정하고 북악산 아래에 경복궁을 지었어요. 경복궁에는 임금과 왕비를 비롯하여 왕실 가족, 궁녀, 내관 등 많은 사람들이 함께 살았지요. 경복궁은 임진왜란 때의 화재로 모두 불타 버렸다가 270년 후 고종 황제가 재건했어요. 고종 황제는 원래의 궁보다 더욱 크고 웅장하게 경복궁을 지었어요. 경복궁에는 330여 개의 건물이 있었지요. 하지만 일제 강점기를 거치면서 그 중 36개의 건물만 남게 되었어요. 그래도 우리나라를 대표하는 궁궐의 아름다움은 지금도 느낄 수 있어요.

아시아에 위치한 우리나라의 영어 명칭은 Republic of Korea(리퍼블릭 오브 코리아)이지만, 사람들은 Korea(코리아)라는 표현을 더 많이 사용한답니다. 코리아는 우리나라가 중국을 통해 서양과 교류를 시작할 때의 이름이었던 '고려'에서 유래되었어요.

우리나라는 한복, 김치 등의 전통 문화를 비롯해 K-pop, 영화, 드라마 등을 수출하여 전 세계적으로 인기를 끌고 있지요.

조선 시대의 궁궐인 경복궁의 이름은 태조 이성계를 도와 조선을 세운 정도전이 붙였어요. '경복'은 유교 경전인 《시경》의 '군자만년 개이경복'이라는 글귀에서 따왔어요. 이 글귀는 '군자여, 만년토록 복을 누리소서.'라는 뜻으로 군자, 즉 임금님께서 영원토록 복을 누리시라는 의미이지요.

경복궁의 남쪽에는 광화문이 있고, 북쪽에는 신무문이 있어요. 그리고 그 안에는 근정전, 사정전, 강녕전, 교태전 등의 건물이 있어요. 이 건물들은 임금이 외교 사절을 맞아들이던 곳, 임금과 신하들이 나랏일을 보던 곳, 임금과 왕비가 생활하던 곳으로 나뉘어 있지요.

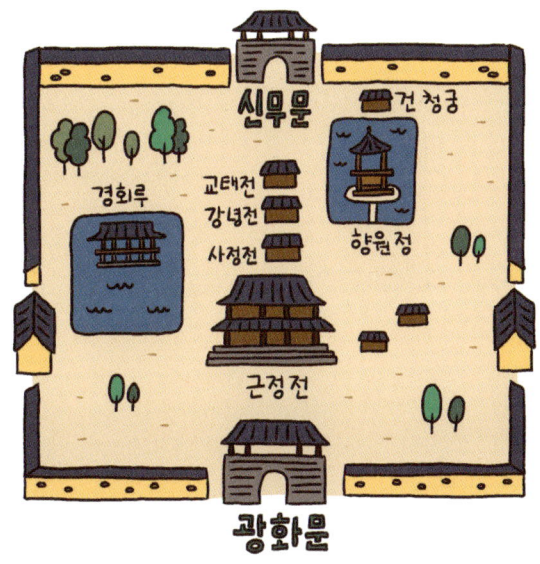

경복궁의 대표적인 건물들을 살펴볼까요? 광화문은 경복궁의 정문이에요. 6·25 전쟁 당시 폭격을 당해 훼손되었다가, 2010년에 와서야 비로소 제 모습을 되찾게 되었어요.

광화문

경복궁에서 가장 크고 웅장한 건물은 근정전이에요. 근정전에서는 나라의 여러 정책을 결정하고 중요한 국가 행사를 치렀답니다. 근정전 내부에는 임금이 앉았던 높은 의자가 있고 그 뒤에는 해와 달이 함께 그려진 병풍 '일월오봉병'이 있어요.

근정전

경회루는 나라에 기쁜 일이 있거나 사신이 왔을 때 연회를 베풀던 곳이에요. 바깥의 경치를 바라볼 수 있도록 벽이나 문 없이 만든 누각이지요. 경회루 옆의 연못은 자연적으로 만들어진 것이 아니라 사람들이 땅을 파서 만든 인공 연못이에요.

경회루

건청궁은 고종이 경복궁을 수리할 때 명성황후와 휴식을 취하기 위해 새롭게 지은 건물이에요. 고종은 이곳에서 외국의 사신들을 만나 회의를 자주 했다고 해요. 건청궁은 우리나라 최초로 전깃불을 밝힌 곳으로도 유명하지요. 하지만 1895년 명성황후가 일본인들에게 무참하게 죽임을 당한 아픈 역사가 있는 곳이랍니다.

건청궁

경복궁에 있는 여러 건물의 지붕은 기와를 이용해 주변의 산과 어우러지는 아름다운 곡선 형태로 만들어졌어요. 하지만 그 수려함만큼이나 놀라운 것은 수학적인 원리예요. 나무로 만든 건축물이 비바람에 썩지 않고 오랫동안 모습을 유지할 수 있는 이유 중 하나는 지붕에 **사이클로이드 곡선**을 이용했기 때문이에요.

사이클로이드(cycloid)는 바퀴라는 뜻의 고대 그리스어(kuklos)에서 유래했어요. 바퀴가 회전할 때, 바퀴 위에 있는 한 점이 움직이는 모습을 나타낸 곡선이지요. 즉 사이클로이드는 원주 위에 점 하나를 표시한 후 이 원을 직선에서 굴렸을 때, 점이 그리는 곡선이에요. 예를 들어 자전거 바퀴의 옆면 어딘가에 점을 하나 찍고 바퀴를 앞으로 굴리면, 사이클로이드 곡선이 그려진답니다.

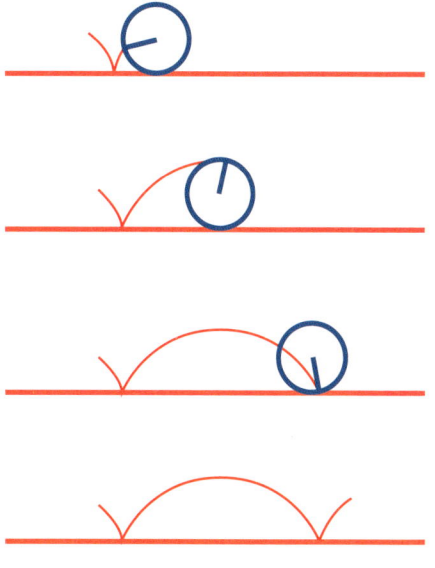

사이클로이드 곡선은 물건이 가장 빠르게 굴러떨어지는 곡선이에요. 직선보다 사이클로이드 곡선에서 물건이 더 빨리 떨어지는 것을 수학자 뉴턴이 증명했어요.

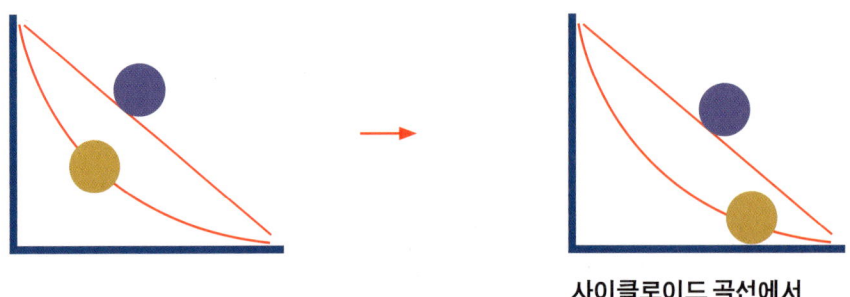

사이클로이드 곡선에서 물건이 더 빨리 떨어져요.

경복궁을 비롯한 한옥과 같은 전통 목조 건물은 이러한 사이클로이드의 특성을 이용해 지어졌어요. 빗물 때문에 나무가 썩지 않도록 건물의 지붕 기와를 사이클로이드 곡선 형태로 설계했어요. 사이클로이드 곡선에서 빗물이 가장 빠르게 떨어지기 때문에 건물은 현재까지도 안전하게 보존될 수 있었던 것이지요.

사이클로이드 곡선은 일상생활 속에서도 다양하게 활용되고 있어요. 예를 들어, 놀이공원의 롤러코스터는 열차를 가장 빠른 속도로 내려오게 하기 위해 사이클로이드 곡선의 레일을 사용하고 있어요.

사이클로이드 곡선을 이용한 롤러코스터

하나 더+ 출발 신호는 꼭 지켜야 해!

수영장에서 흔히 볼 수 있는 워터 슬라이드는 놀이터에서 보던 미끄럼틀과는 모양이 약간 달라요. 직선이 아닌 사이클로이드 곡선 형태로 휘어져 있지요. 따라서 워터 슬라이드에서는 일반적인 미끄럼틀에서보다 더 빨리 내려오기 때문에 더 큰 스릴감을 느낄 수 있답니다.

워터 슬라이드의 안전 요원은 출발하는 것을 엄격하게 통제해요. 앞서 출발한 이용자가 물에 도착하여 수영장을 빠져나간 후에야, 다음 이용자를 출발시키지요. 이는 사이클로이드 곡선의 또 다른 특이한 성질 때문이에요. 사이클로이드 곡선은 어느 지점에서 출발해도 가장 낮은 위치까지 도달하는 데 걸리는 시간이 모두 같지요. 워터 슬라이드의 가장 높은 곳에서 출발하거나, 중간에서 내려가거나 마지막에는 동시에 도착하게 되어 있어요. 이 때문에 사이클로이드 곡선을 '동시 강하 곡선' 또는 '등시 곡선'이라고 부르기도 해요. 워터 슬라이드를 탈 때 앞에 탄 사람과 충돌하지 않기 위해서는 반드시 앞 사람이 수영장 밖을 빠져나간 후 워터 슬라이드를 타야 한답니다.

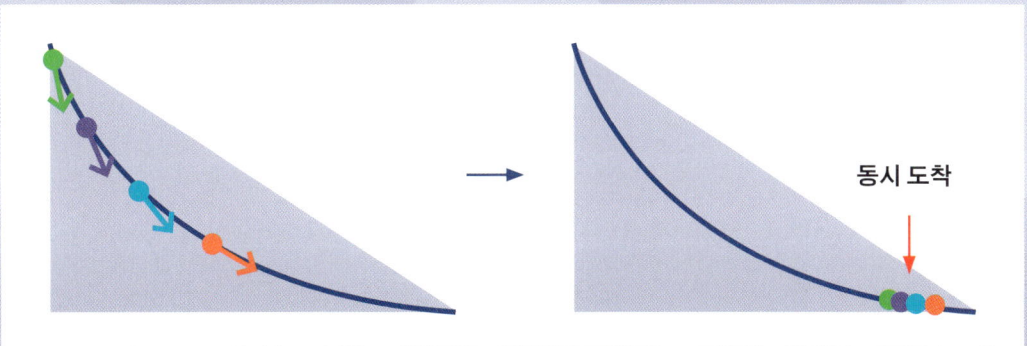

경복궁 • 75

⑪ 우주의 신비
성 베드로 광장

바티칸 시국의 성 베드로 대성당 앞에는 크고 아름다운 성 베드로 광장이 있어요. 이탈리아의 유명한 건축가 잔 로렌초 베르니니가 1656년부터 1667년까지 성 베드로 광장을 설계하고 완공했지요. 최대 30만 명이 들어갈 수 있을 만큼 아주 큰 성 베드로 광장을 하늘 위에서 내려다보면 열쇠 구멍 모양이에요. 이 모양에는 성 베드로의 상징인 '천국의 열쇠'로 천국을 열 수 있다는 의미가 있어요.

남유럽에 있는 바티칸 시국은 도시 국가예요. 하나의 도시가 정치적으로 독립하여 국가를 이룬 작은 나라를 도시 국가라고 해요. 바티칸 시국은 이탈리아 로마 시 안에 있고, 가톨릭의 최고위 성직자인 교황이 운영해요. 이 때문에 우리나라에서는 바티칸 시국을 교황청이라고 부르기도 해요. 바티칸 시국은 규모는 작지만, 종교적 이유로 전 세계에 미치는 영향력은 대단해요. 1984년 도시 전체가 유네스코 세계 문화유산으로 지정되기도 했답니다.

성 베드로 대성당은 바티칸 시국의 남동쪽에 있는, 세계에서 가장 큰 교회예요. 예수의 열두 제자 가운데 한 사람이자 로마의 첫 주교였던 성 베드로의 무덤 위에 만들어져서 성 베드로 성당이라고 불리지요. 이 성당은 종교적인 이유 외에도, 건축물 자체가 아름다워 수많은 관광객이 찾는 곳이에요.

성 베드로 대성당

성 베드로 대성당 앞에 처음부터 넓은 광장이 있었던 것은 아니에요. 광장이 들어서기 전의 성당 앞은 수많은 집과 복잡한 골목길이 미로처럼 얽혀 있었어요. 120년 동안 성당이 지어졌지만, 광장이 필요하다는 생각은 아무도 하지 못했어요.

성당이 다 지어지고 약 20년이 지난 후, 교황은 자신을 보려고 성당 앞에 모인 사람들을 위해 광장을 만들기로 했어요. 성당 건축의 책임자였던 로렌초 베르니니는 원 2개를 포갠 타원형 모양으로 성 베드로 광장을 완성했답니다.

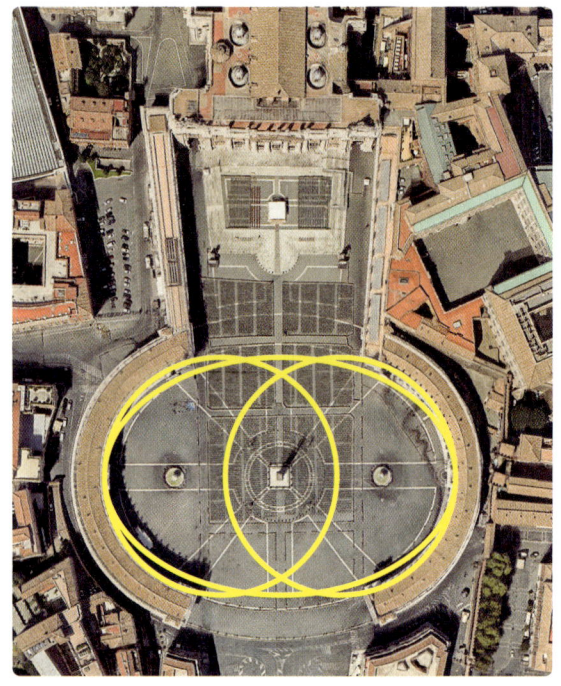

타원은 길쭉하고 둥그런 모양을 한 도형을 말해요. 타원을 그리기 위해서는 먼저 핀 두 개를 종이에 고정시킨 뒤, 두 핀의 간격보다 긴 길이의 실로 핀을 연결해요. 그다음, 실에 연필을 걸고 실이 팽팽하게 당겨지도록 유지하면서 연필을 움직이면 정확한 타원이 그려지지요. 이때 핀이 꽂혀 있었던 두 점을 타원의 '초점'이라고 해요. 이처럼 타원은 평면 위의 두 초점에서의 거리의 합이 일정한 점들을 모두 모아 만든 도형을 뜻해요.

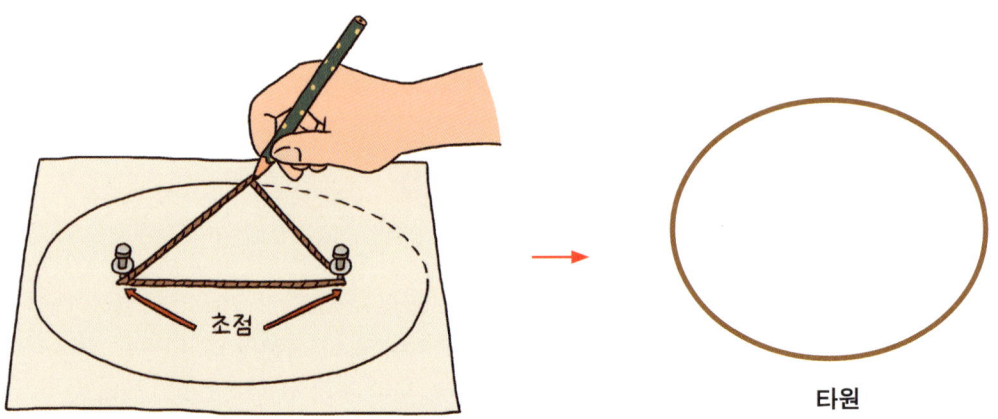

베르니니가 성 베드로 광장을 설계하면서 타원을 떠올린 것은 우연이 아니었어요. 베르니니는 바로크 양식의 대표 건축가로 손꼽히는데, 바로크 건축 양식에 가장 많이 사용되는 도형 중 하나가 타원이기 때문이에요. 성 베드로 광장 역시 바로크 건축 양식의 대표작으로 불려요.

바로크라는 말에는 두 가지 유래가 있어요. 하나는 '찌그러진 진주'를 의미하는 포르투갈어(pérola barroca)에서 유래했다는 것이고, 또 하나는 '이상한 소리'를 뜻하는 이탈리아어(barocco)에서 가져왔다는 것이에요. 고딕 양식의 고딕처럼 처음에는 우스꽝스러운 건축 양식을 비웃는 말로 사용되었던 것이지요.

균형과 조화를 중시했던 이전에 비해, 바로크 양식은 파격적이고 힘차고 활기찼어요. 또 화려한 장식까지 사용됐지요. 바로크 양식은 유럽 사람들에게 처음에는 낯설게 느껴졌지만, 곧 가톨릭 교회와 왕들의 절대적인 힘을 과시하기 위해 사용되면서 유럽 전역에서 유행하게 되었어요.

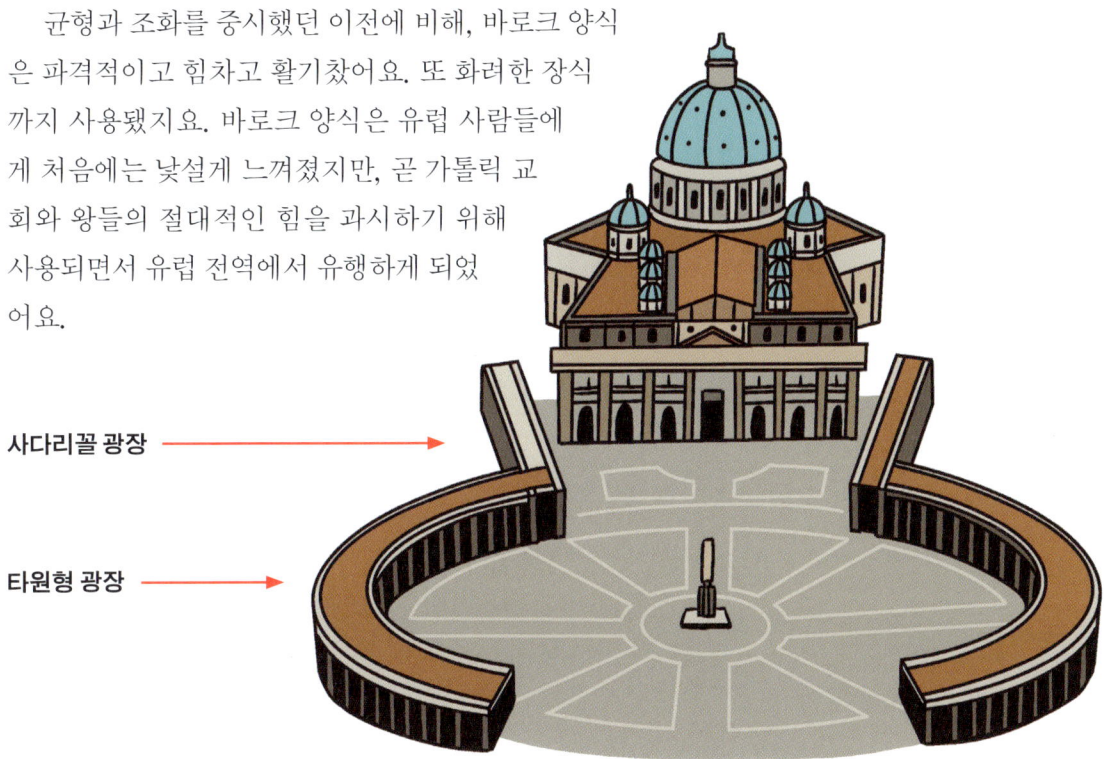

사다리꼴 광장

타원형 광장

베르니니는 이러한 바로크 양식을 고려하여 성 베드로 광장을 설계했어요. 베르니니는 먼저 성 베드로 대성당 앞쪽에는 광장을 사다리꼴로 만들었어요. 사람들이 광장에 들어섰을 때 성당이 실제 거리보다 더 가깝게 느껴지도록 했지요. 그리고 사다리꼴 앞에 타원형의 광장을 두어 공간이 단조롭지 않고 많은 사람이 성당을 가까이에서 바라볼 수 있도록 했어요. 이전까지는 광장을 원이나 정사각형 모양으로 만드는 것이 일반적이었어요.

베르니니는 성당은 무대, 광장은 객석으로 보이도록 고려했어요. 284개의 기둥으로 둘러싸인 장엄한 타원형 광장은 마치 수많은 사람들이 교황의 축복을 받기 위해 모여든 원형 극장처럼 느껴졌지요.

그렇다면 왜 바로크 건축 양식에서 타원을 중요하게 여겼을까요? 원은 중심이 한 개인 반면, 타원은 초점이 두 개라 사람들을 양쪽으로 분산시키는 힘이 있어요. 따라서 원의 공간에서는 사람이 앉을 곳이 마땅치 않지만, 타원에서는 사람이 공간을 여유롭게 느껴 어딘가 앉을 수 있게 해요.

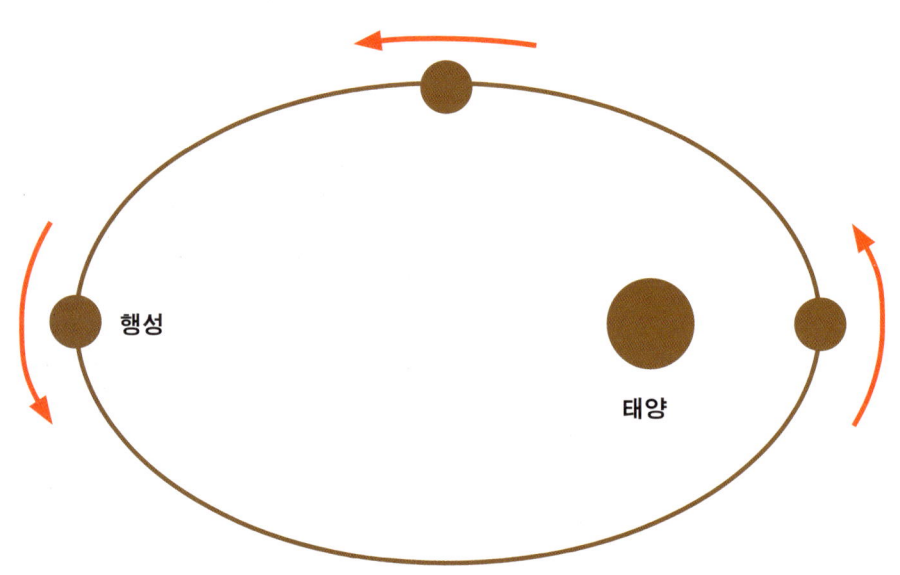

또 다른 이유는 독일의 천문학자 요하네스 케플러가 행성들의 움직임을 발견했기 때문이에요. 1609년 케플러는 우주의 행성들이 타원 모양을 그리며 태양 주위를 돈다는 사실을 발표했어요. 이전의 과학자들은 행성이 원 모양으로 태양 주위를 돌고 있다고 믿었었지요. 케플러의 발견 덕분에 17세기 유럽 사회에서는 '타원'을 중요한 도형으로 생각했어요. 바로크 시대의 건축물 중 특히 종교 건축물에 타원이 많이 사용된 이유는 건물과 우주가 하나임을 보여주기 위해서였지요.

하나 더+ 황금으로 지어진 성 베드로 대성당

광장뿐 아니라 성 베드로 대성당 역시 바로크 양식으로 지어졌어요. 성당 한가운데에 있는 제단은 가톨릭 의식을 치르기 위한 것으로, 베르니니가 조각과 건축을 결합하여 만든 첫 번째 작품이에요. 이 제단은 청동과 금박으로 장식되어 있고, 바로크 양식의 아름다운 교회를 상징하는 것으로도 유명하지요. 제단 밑에는 성 베드로의 무덤이 있고, 제단 뒤로는 베드로의 의자가 있어요. 이것은 교황이 베드로를 잇는 정통한 계승자라는 것을 의미하지요.

제단

성 베드로의 의자

성당 지하의 성 베드로 무덤

⑫ 꼭 붙잡아 줄!
금문교

미국 샌프란시스코와 마린 반도를 연결하는 금문교는 세계적으로 유명한 다리예요. 샌프란시스코의 상징인 금문교는 1937년 완공될 당시 세계에서 가장 긴 다리였어요. 하지만 그 길이보다 유명한 것은 석양이 질 때 황금빛으로 물드는 아름다운 모습이었지요. 금문교, 즉 금빛 문의 다리(Golden Gate Bridge 골든 게이트 브릿지)라는 이름과 걸맞게 말이에요.

금문교라는 이름 때문에 황금빛 다리일 것 같지만, 실제 금문교의 색은 오렌지 빛이 도는 주황색이랍니다. 금문교를 설계할 당시 미국 해군은 다리가 눈에 잘 띄도록 검정 바탕에 노란색 줄무늬를 넣어 달라고 요청했어요. 하지만 다리는 결국 주변 경치와 어울리면서 안개가 짙게 낀 날에도 잘 보이도록 주황빛이 도는 붉은색으로 칠해졌어요.

눈에 띄려면 이 정도는 돼야지!

샌프란시스코와 마린 반도 사이에는 원래 사람들을 실어 나르는 배가 있었어요. 하지만 배로 오가는 사람이 점점 많아지자, 바다 위의 교통 체증이 심해졌지요. 많은 사람들은 샌프란시스코와 마린 반도를 연결하는 다리를 원했지만 강한 파도와 깊은 바다, 센 바람, 앞을 잘 볼 수 없게 하는 안개 때문에 다리를 건설할 수 없을 거라 생각했어요. 더군다나 이 바다에는 군함을 포함한 많은 배가 다니기 때문에 다리를 짓는 것은 쉬운 일이 아니었어요.

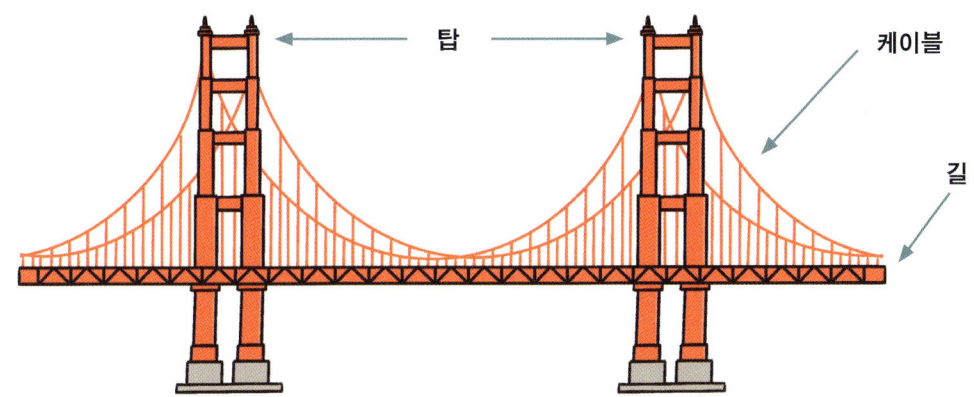

사람들이 불편해하고 지역의 경제 발전도 느려지자, 결국 현수교를 이용하여 다리를 짓기로 했어요. 현수교는 2개의 탑 사이에 케이블을 늘어뜨린 형태로 연결하고, 여기에 차나 사람이 다닐 수 있는 길을 매다는 방식으로 만들어요. 계곡을 건너지르는 구름다리 역시 간단한 형태의 현수교라고 할 수 있지요.

금문교의 케이블 길이와 늘어뜨린 정도는 수학적으로 정확히 계산된 것이에요. 두 탑 사이에 연결된 케이블의 늘어진 모양을 **포물선**이라고 해요. 물체를 비스듬히 던져 올리면 그림과 같이 곡선을 그리며 운동하는데, 이때 만들어지는 곡선이 바로 포물선이에요.

포물선은 한 점까지의 거리와, 한 직선까지의 거리가 같은 점들을 연결하면 그릴 수 있어요. 이때 점과 직선은 떨어져 있어야 해요. 그림에서 '점 가'와 '직선 나'까지의 거리가 같은 점들을 이어 그린 것이 포물선이지요.

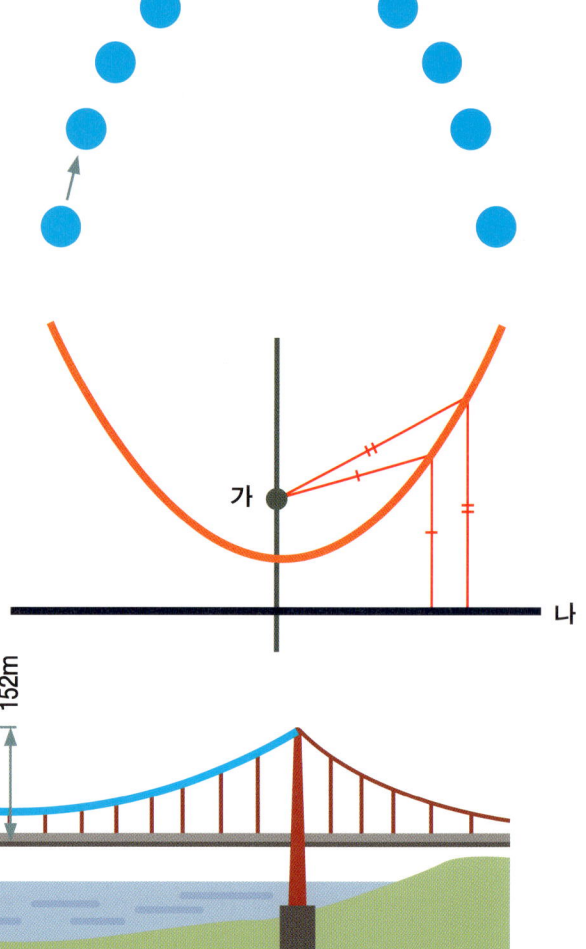

$y = 0.00037109375x^2 - 0.475x + 227$

수학자들은 포물선의 형태를 계산하는 방법을 만들어 냈어요. 이를 이용해 케이블의 무게와 늘어지는 정도를 정확하게 계산하는 것이지요. 이렇게 포물선의 형태를 계산하는 방법은 여러 다리와 건축물을 설계하는 데 꼭 필요하답니다.

하나 더+ 하늘에서 뚝 떨어지는 폭탄

1600년대까지 사람들은 대포에서 폭탄을 발사하면 폭탄이 하늘 높이 날아가다가 갑자기 뚝 떨어진다고 생각했어요. 아래 그림처럼 말이에요. 하지만 대포의 탄알은 이렇게 떨어지는 게 아니라 포물선을 그리며 떨어진답니다. 포탄뿐 아니라 농구공이랑 로켓처럼 하늘로 던진 모든 물체는 포물선 형태로 떨어지지요.

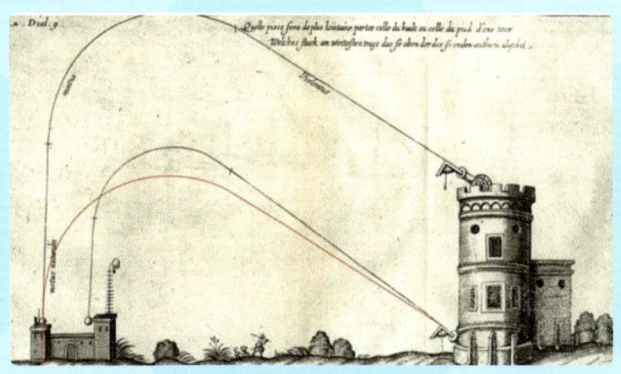

갈릴레오 갈릴레이는 과학 실험을 통해 물건을 높이 던지면 물건이 포물선의 모양으로 떨어진다는 것을 밝혔고, 이어 뉴턴은 이를 수학 공식으로 설명하는 데 성공합니다. 갈릴레이와 뉴턴의 연구는 대포를 쏠 때 목표물을 정확하게 맞히는 데 크게 도움을 주었어요. 그뿐만 아니라 농구 시합에서 농구공의 움직임을 계산하는 등 우리 생활 전반에 다양하게 활용되고 있지요.

⑬ 나비처럼 아름다운
타지마할

무굴 제국의 황제 샤 자한은 1631년에 세상을 떠난 사랑하는 아내 뭄타즈 마할을 추모하기 위해 모스크인 타지마할을 건설했어요. 모스크는 이슬람교도들이 예배를 보거나 집회를 하는 공간을 뜻하지요. 타지마할의 순백색 대리석은 달빛 아래에서 은색으로 반짝여요. 동틀 무렵에는 옅은 분홍색을 띠며, 해 질 녘에는 노을로 붉게 물들지요. 이렇게 아름다운 타지마할에는 아내를 사랑하는 샤 자한의 마음이 담겨 있답니다.

인도는 우리나라와 같은 반도 국가예요. 인도의 북쪽에는 세계에서 가장 높은 산 에베레스트가 있는 히말라야산맥이 있지요.

인도 사람들은 다양한 종교를 믿는데, 그중 힌두교와 이슬람교를 믿는 사람이 가장 많아요. 인도에서는 불교의 창시자인 석가모니가 탄생했지만, 불교를 믿는 사람은 적답니다.

타지마할은 총 17ha(헥타르)에 달하는 거대한 무덤의 중심에 있는 건물이에요. 1ha는 가로세로의 길이가 10,000m(미터)인 정사각형의 넓이를 뜻하니, 17ha는 정말 어마어마하게 크겠지요? 샤 자한은 부인이 사망한 후 1632년부터 무려 22년이라는 오랜 세월을 공들여 흰 대리석의 타지마할을 건설했어요. 무덤과 장식 작업은 1648년에 끝났으나, 주변의 건물들과 정원은 그보다 5년 후인 1653년에 완성되었지요. 그런데 타지마할을 짓는 데는 무굴 제국의 재정이 휘청거릴 정도로 막대한 양의 돈이 들었어요. 결국 과도한 세금과 수탈로 무굴 제국의 민심은 악화되고 말았지요.

샤 자한은 나이가 들면서 점차 나랏일에 소홀해졌어요. 결국 그의 아들인 아우랑제브가 반란을 일으켜 샤 자한을 폐위시킨 후 아그라 성에 가둬 버렸답니다. 이후 샤 자한은 아그라 성의 창문으로만 타지마할을 감상할 수 있는 신세가 되어버렸지요. 하지만 샤 자한이 죽고 나서는 뭄타즈 마할의 무덤 옆에 묻혔다고 해요.

샤 자한과 뭄타즈 마할의 무덤

타지마할에서 가장 눈에 띄는 것은 건물 꼭대기에 있는 돔이에요. 약 35m의 높이를 가지고 있는 이 돔은, 7m 높이의 원기둥 위에 세워져 더 높아 보여요. 돔은 중간이 볼록하고 위쪽으로 갈수록 뾰족해지는 형태를 가지고 있어, 종종 '양파돔' 혹은 '구아바 돔'이라고 불리기도 해요. 돔의 맨 위쪽에는 연꽃 무늬가 새겨져 있고, 탑의 꼭대기에는 이슬람을 상징하는 초승달이 장식되어 있어요.

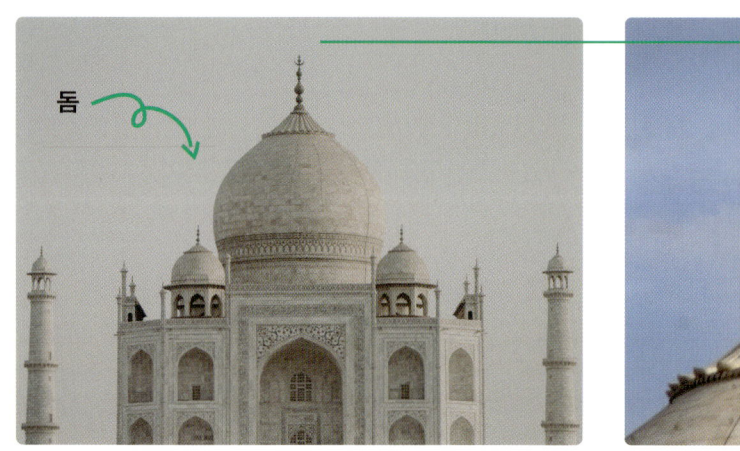

타지마할은 뾰족한 탑을 기준으로 왼쪽과 오른쪽이 완벽하게 대칭을 이루는 형태로 유명해요. 한 점이나 한 직선, 한 면을 사이에 두고 같은 거리에서 마주 보고 있는 경우를 **대칭**이라고 해요.

한 도형의 모양이 대칭이에요.

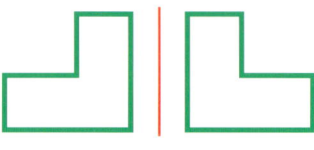

두 도형이 서로 대칭이에요.

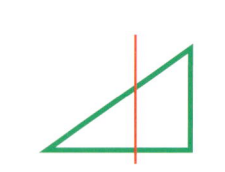

한 도형의 모양이 대칭이 아니에요.

두 도형이 서로 대칭이 아니에요.

특히 타지마할은 첨탑을 지나는 직선을 중심으로 반을 접으면 완벽하게 겹쳐져요. 마치 나비처럼 선을 중심으로 대칭이 되는 모양을 선대칭모양이라고 하지요.

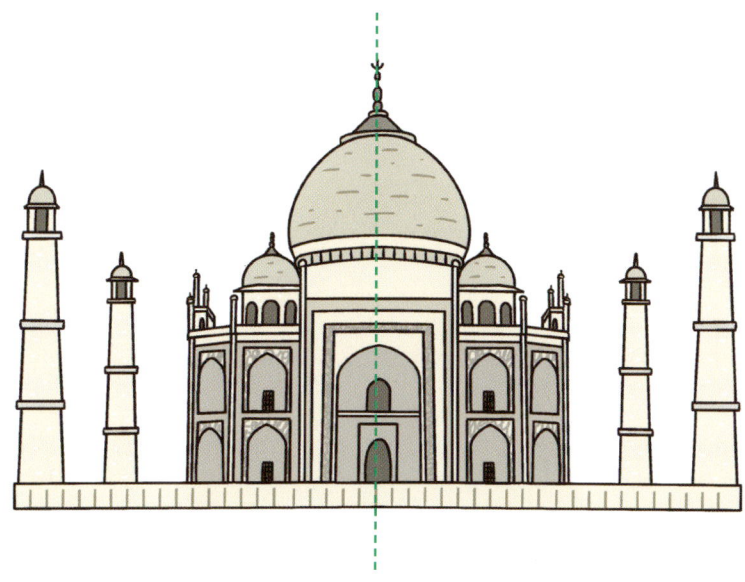

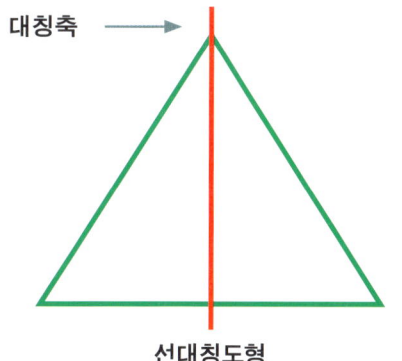

대칭축

선대칭도형

도형 중에서도 선을 중심으로 대칭이 되는 모양이 있어요. 직선을 중심으로 완전히 겹쳐지는 도형을 **선대칭도형**이라고 하고, 그 직선을 **대칭축**이라고 한답니다.

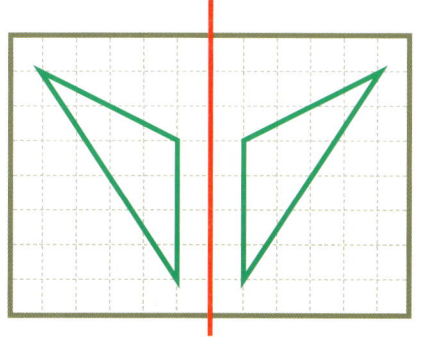

선대칭의 위치에 있는 도형

하나의 도형이 아니더라도 선대칭도형이라고 할 수 있어요. 두 도형을 어떤 직선으로 접었을 때 두 도형이 완전히 포개어지면 두 도형을 **선대칭의 위치에 있다**고 말하고, 두 도형을 **선대칭의 위치에 있는 도형**이라고 해요. 이때 기준이 되는 직선을 **대칭축**이라고 하지요.

선뿐만 아니라 점을 중심으로 대칭을 이루는 도형도 있어요. 한 점을 중심으로 180°(도) 돌렸을 때, 처음 모양과 완전히 겹쳐지는 도형을 **점대칭도형**이라고 해요. 아래 그림에서 원은 중심에 핀을 꽂고 180° 돌리면 돌리기 전의 모양과 완전히 겹쳐지지요. 하지만 삼각형은 중앙에 핀을 꽂고 180° 돌려 보면 처음 도형과 완전히 겹쳐지지 않는답니다. 따라서 원은 점대칭도형이고, 삼각형은 점대칭도형이 아니에요.

원은 점대칭도형이에요.   삼각형은 점대칭도형이 아니에요.

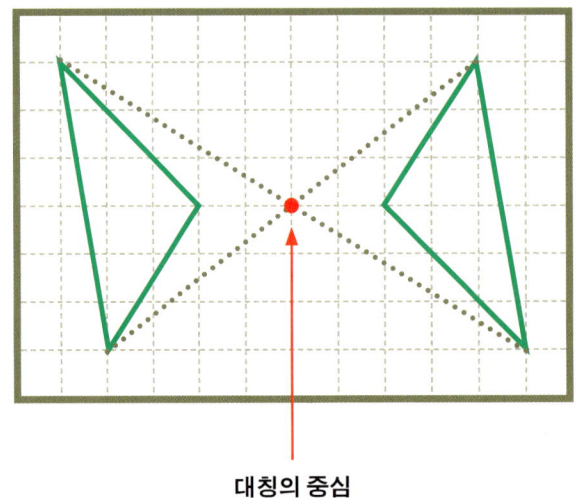

대칭의 중심

선대칭 위치에 있는 도형처럼, 두 도형은 점대칭 위치에 있을 수 있어요. 위 그림과 같이 한 점을 중심으로 두 개의 도형을 180° 돌렸을 때, 두 도형이 완전히 포개어지면 두 도형을 **점대칭의 위치에 있다**라고 하고, 그 두 도형을 **점대칭의 위치에 있는 도형**이라고 해요. 그리고 도형을 돌리는 데 기준이 되는 점을 **대칭의 중심**이라고 하지요.

 **전쟁에서도 살아남은 타지마할, 산성비에 무너지다!**

제2차 세계 대전은 전 세계를 전쟁의 위험에 몰아넣었어요. 인도 역시 전쟁을 피할 수 없었지요. 인도는 인도의 상징인 타지마할이 전쟁 때문에 부서지는 것을 막고 싶었어요. 일본 공군의 공격을 피하기 위해 인도 정부는 막대 모양의 철을 덧대 타지마할을 다른 건물처럼 보이도록 위장했어요. 이 덕분에 타지마할은 세계 대전 중에도 무사할 수 있었어요. 인도는 이후 파키스탄과 전쟁이 일어났을 때도 똑같은 방법으로 타지마할을 보호했답니다.

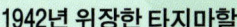
1942년 위장한 타지마할

진짜 위협은 그 뒤에 일어났어요. 바로 산성비 때문이었지요. 산성비란 하늘에서 내리는 비가 대기 오염 때문에 산성을 띠게 되는 것이에요. 산성비는 호수와 토양을 산성으로 변화시켜 생태계를 파괴하지요. 실제로 토양이 산성으로 변해 주변의 나무들이 모두 말라 죽은 일도 있었답니다.

산성비로 인해 타지마할의 아름다운 흰 대리석은 황갈색으로 변하게 되었어요. 인도 정부는 타지마할을 지키기 위해 그 주변 10,400㎢(제곱킬로미터)를 '타지마할 지역'으로 지정하고, 타지마할 지역의 공기 오염 물질 배출을 엄격하게 제한하고 있어요.

14 세상에서 가장 큰 무덤
기자의 대피라미드

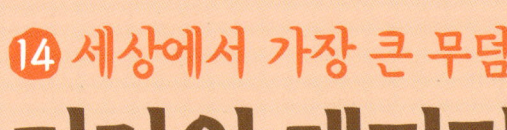

이집트에 있는 피라미드는 돌로 만들어진 무덤이에요. 고대 이집트 왕과 왕족들의 무덤이지요. 그중 가장 유명한 피라미드는 카이로 외곽의 기자 지역에서 발견되는 피라미드랍니다. 기자의 피라미드는 약 4,500년 전에 지어진 것으로 추측돼요. 지금까지 발견된 피라미드 중 가장 커서 '사람의 손으로 만든 기적적인 건축물'이라는 세계 7대 불가사의 중 하나로 꼽혀요.

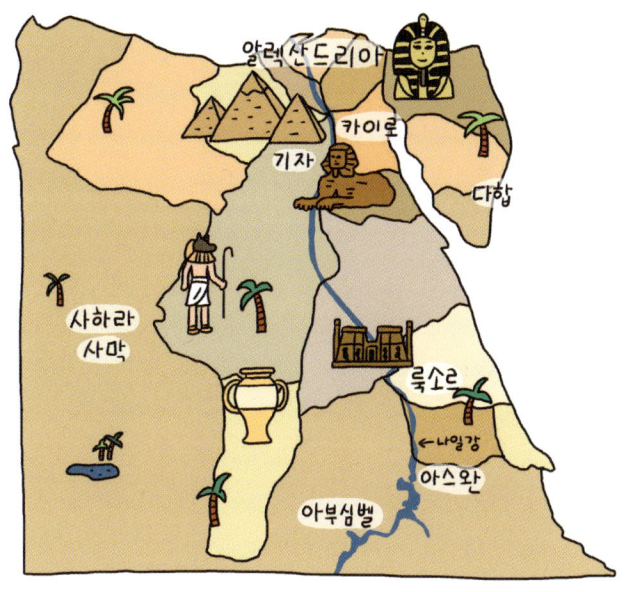

이집트는 북아프리카와 서아시아의 시나이 반도에 걸쳐 있는 나라예요. 특히 약 5,000년 전 나일강 근처에서 발생한 고대 이집트 문명은 세계 4대 문명 중 하나이지요.

이집트는 나일강 주변을 제외하면 대부분 사막이에요. 고대 이집트 시대에 사막은 '붉은 땅'으로 불렸으며, 서쪽 다른 나라의 위협을 막는 역할을 했어요.

고대 이집트의 왕, 즉 최고 통치자를 파라오라고 해요. 파라오는 죽고 난 다음 자신이 신이 된다고 생각했어요. 죽은 후의 세상을 준비하기 위해 파라오들은 신을 위한 성전을 세우고 거대한 피라미드 무덤을 만들었지요. 피라미드 무덤 안에는 자신들이 죽고 난 후에 필요한 물건들을 가득 채웠어요.

기자에는 여러 개의 피라미드가 모여 있는 지역이 있는데, 그중 가장 큰 피라미드를 대피라미드라고 불러요. 약 147m(미터) 높이에 달하는 대피라미드는 고대 이집트 파라오 쿠푸의 무덤이지요.

파라오 쿠푸는 기원전 2550년 무렵부터 약 27년 동안 피라미드를 지은 것으로 알려져 있어요. 대피라미드에는 약 2,300만 개의 돌이 사용되었는데, 그 당시에 어떻게 이렇게 높고 거대한 피라미드를 만들었는지는 아직도 정확히 알아내지 못하고 있어요.

파라오 쿠푸의 동상

대피라미드는 지금의 모습과 달리 처음에는 매끈하고 하얀 석회암으로 둘러싸여 있었어요. 그런데 1303년에 대지진이 일어나 피라미드의 외벽이 많이 부서졌고, 당시 이 지역의 지도자가 성과 사원을 짓기 위해 피라미드 바깥쪽의 석회암을 뜯어 사용했어요. 그 후 19세기에 모스크를 짓기 위해 남아 있는 석회암 외벽을 다 벗겨 가면서 지금처럼 갈색의 피라미드가 되었답니다.

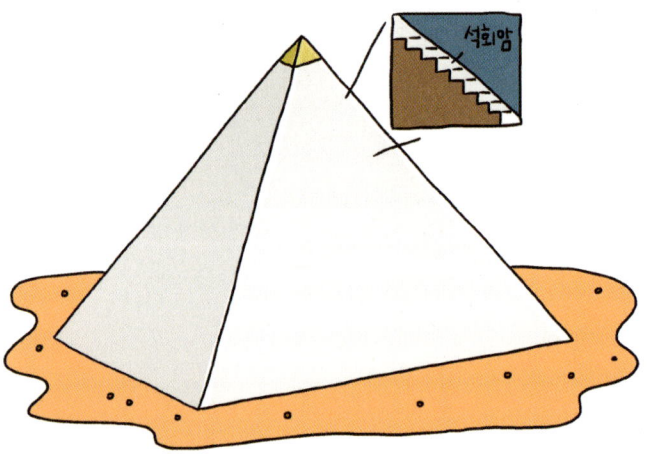

대피라미드에는 두 개의 입구가 있어요. 하나는 가짜 묘실로 통하는 입구이고, 다른 하나는 현재 쓰이고 있는 입구로 9세기 초반 보물을 찾으려고 일부러 뚫은 통로랍니다. 입구를 통과하고 오르막길을 오르면, 피라미드 내의 좁고 긴 복도 끝에 파라오의 무덤이 위치한 방이 있어요.

아래 입구는 알마문이 보물을 찾기 위해 뚫은 거라고 해.

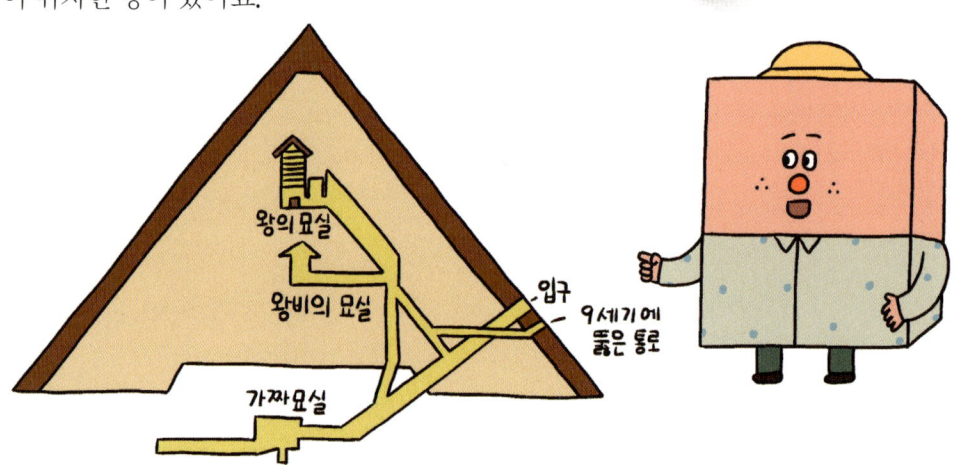

고대 이집트의 파라오들은 왜 이렇게 독특한 모양으로 무덤을 만들었을까요? 그 이유에는 학자들의 의견이 다양해요. 그중 하나는 피라미드 모양 자체가 죽은 파라오를 하늘로 올려 보내도록 설계되었다는 거예요. 또 다른 의견으로는 고대 이집트의 신화 속에 나오는 지구와 세계를 창조한 신 아툼의 무덤, 벤벤을 본떠 만든 것이라는 주장이지요.

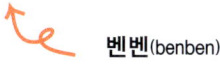

벤벤(benben)

피라미드의 모양은 태양이 내리쬐는 모습을 상징한 것으로 추측되기도 해요. 원래 피라미드는 광택이 나고 햇빛이 잘 반사되는 흰색의 석회암으로 외벽을 꾸몄기 때문에, 햇빛을 받으면 그 자체로 찬란하게 빛이 났지요. 피라미드 모양을 자세히 살펴볼까요?

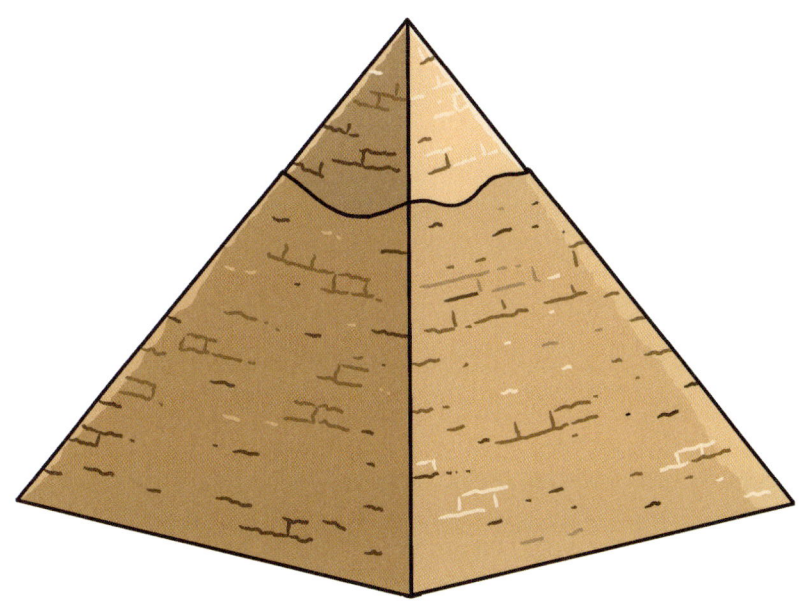

피라미드처럼 생긴 도형을 **각뿔**이라고 해요. 각뿔은 밑면이 다각형이고 옆면이 모두 삼각형인 입체도형을 말해요. 각기둥은 밑면이 위아래로 2개이지만, 각뿔은 밑면이 아래에만 있어 1개랍니다. 각뿔은 옆면의 개수가 밑면의 모양에 따라 달라지지요. 삼각뿔은 옆면이 3개, 사각뿔은 옆면이 4개, 오각뿔은 옆면이 5개랍니다.

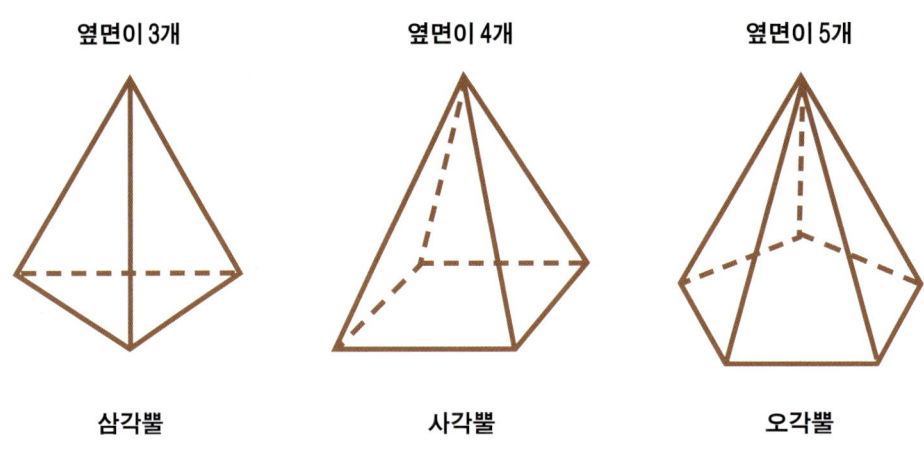

밑면이 다각형이 아닌 경우에는 각뿔이라고 하지 않아요. 특히 밑면이 원인 경우에는 **원뿔**이라고 불러요. 원뿔은 각뿔과 마찬가지로 뾰족한 점이 있는데, 이 점을 **원뿔의 꼭짓점**이라고 해요. 또 원뿔의 꼭짓점에서 밑면에 그은 수직인 선분의 길이를 높이라고 하지요. 원뿔의 꼭짓점과 밑면의 둘레의 한 점을 이은 선분은 **모선**이라고 불러요. 원뿔에서 모선은 무수히 많아요.

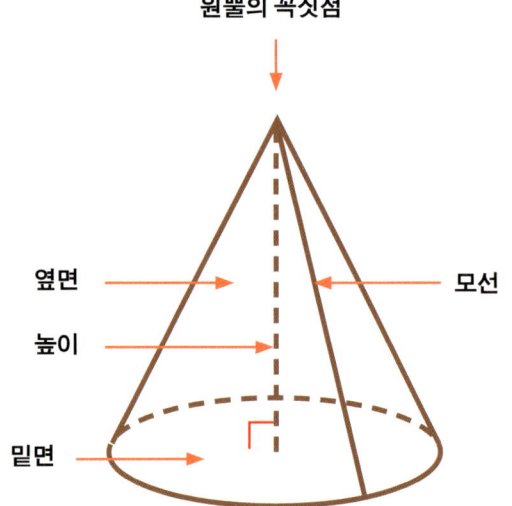

●▲■ 다각형으로만 도형 만들기

다각형인 면으로만 둘러싸인 입체도형을 다면체라고 해요. 앞에서 살펴본 직육면체를 비롯한 각기둥과, 피라미드 모양과 같은 각뿔 모두 다면체이지요. 하지만 원기둥처럼 다각형이 아닌 원이 포함된 입체도형은 다면체가 아니랍니다.

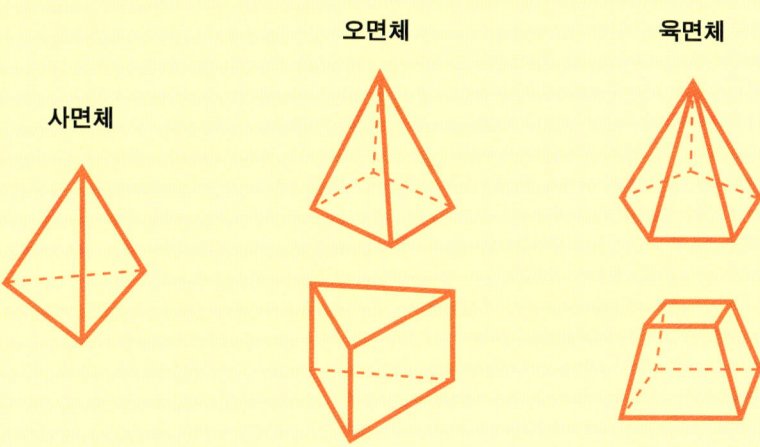

여러 다면체 중에서 각 면이 모두 합동인 정다각형으로 이루어진 다면체를 정다면체라고 해요. 정다면체는 '정사면체, 정육면체, 정팔면체, 정십이면체, 정이십면체' 다섯 개밖에 없어요.

피라미드는 밑면이 사각형이고 옆면이 4개이므로 사각뿔 모양이라고 할 수 있어요. 각뿔에서 면과 면이 만난 선분을 '모서리'라고 하고, 세 모서리가 만나는 점을 '꼭짓점'이라고 해요. 그런데 각뿔은 각기둥과는 달리, 꼭짓점 중에서 모든 옆면이 한 점에서 만나는 공통인 점이 있는데 이 점을 '각뿔의 꼭짓점'이라고 한답니다. 또 각뿔의 꼭짓점에서 밑면에 수직인 선분의 길이를 '높이'라고 해요. 각뿔의 높이는 삼각자와 곧은자를 사용해 측정할 수 있지요.

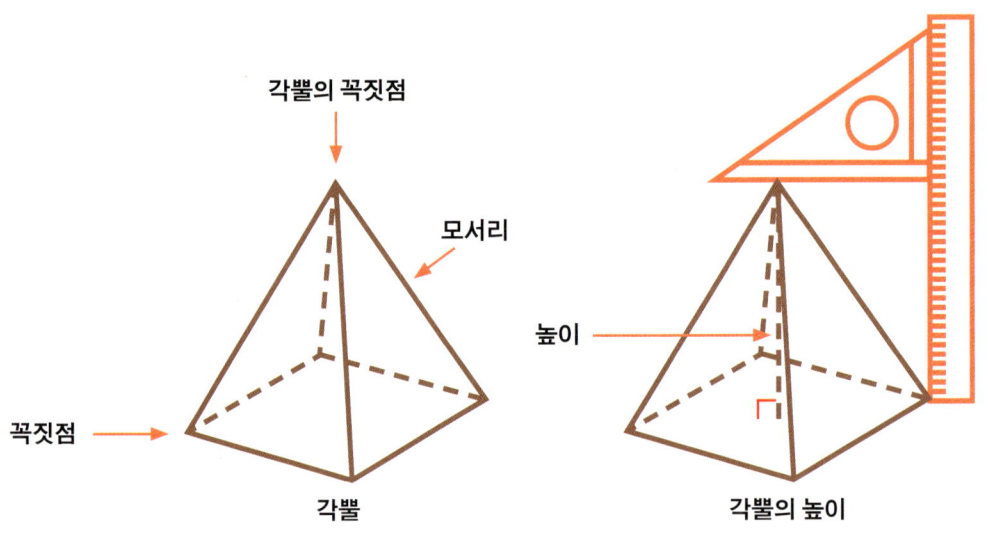

하나 더+ 대피라미드의 높이 재기

각뿔의 높이는 자를 이용해 측정할 수 있지만, 기자의 대피라미드처럼 큰 건물의 높이를 재는 것은 쉬운 일이 아니에요. 그런데 고대 그리스 시대에 막대기 하나로 간단히 피라미드의 높이를 구한 사람이 있답니다. 바로 고대 그리스의 수학자이자 철학자인 탈레스이지요. 크기만 다르고 모양이 같은 두 도형을 '닮음'이라고 하는데, 탈레스는 바로 이 닮음을 이용해 피라미드의 높이를 측정했어요.

태양에서 오는 빛이 평행하다고 한번 생각해 보세요. 그리고 피라미드의 가장 높은 부분이 땅과 수직을 이루고, 막대 역시 땅에 수직으로 꽂혀 있다고 가정해 봐요. 그럼 삼각형 ㄱㄴㄷ과 삼각형 ㄹㅁㅂ은 서로 크기만 다르고 모양은 똑같이 생긴 닮음이에요.

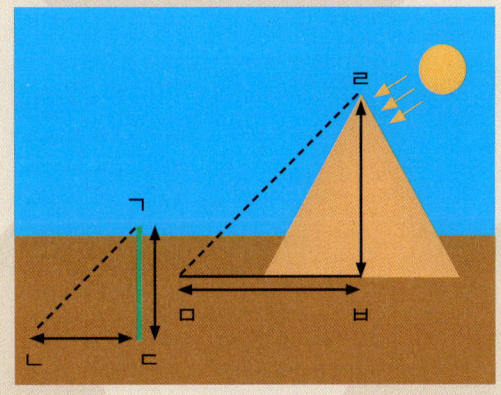

1m 막대의 그림자의 길이가 1.2m이고 피라미드의 그림자 길이가 175m였다면, 막대 그림자와 피라미드 그림자의 길이는 약 146배예요.

175÷1.2=약 146배

그럼 막대의 길이 1m와 피라미드의 높이도 146배 차이가 나요. 두 삼각형이 닮음이기 때문이지요. 그래서 대피라미드의 높이는 146m가 된답니다.

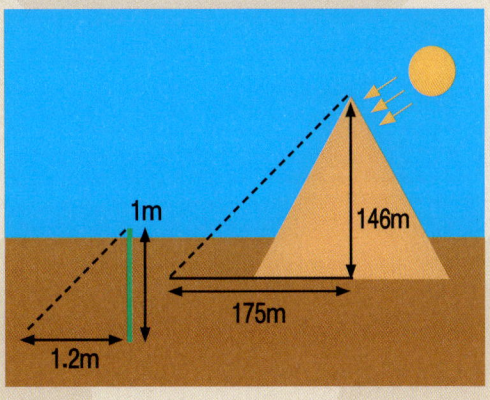

15 따뜻한 얼음집
이글루

이글루는 눈을 벽돌 모양으로 뭉친 것이나 얼음을 쌓아서 만든 집이랍니다. 눈 집(snow house)으로 불리기도 하지요. 1년의 대부분이 눈과 얼음으로 덮인 북극 지방에서 생활하는 사람들의 지혜가 담긴 집이에요. 눈이나 얼음만 있다면 어디에서든 이글루를 만들 수 있기 때문이지요. 이글루 안쪽 바닥에 동물 가죽을 깔고, 불을 이용해 음식을 조리할 수 있어서 사람들이 살아가기에 충분한 집이에요.

알래스카는 미국의 땅이기는 하지만 미국 본토와 떨어져 북쪽에 위치해요. '거대한 땅'이라는 의미를 가진 알래스카는 그 이름에 걸맞게 미국 면적의 약 1/5의 크기나 된답니다. 알래스카는 빙하와 오로라, 그리고 온종일 낮만 지속되는 백야로 유명해요.

알래스카는 여름과 겨울이 길고 봄과 가을이 짧아요. 여름은 매년 6월부터 9월까지이고, 겨울은 12월부터 이듬해 3월까지랍니다. 4월과 5월은 봄이고, 10월과 11월이 가을이에요.

알래스카에 원래 살고 있던 사람들, 즉 원주민을 이누이트라고 해요. 우리가 흔히 사용하는 표현인 에스키모는 '날고기를 먹는 인간'이라는 뜻으로 이누이트를 낮추어 부르는 말이므로 사용해서는 안 되지요.

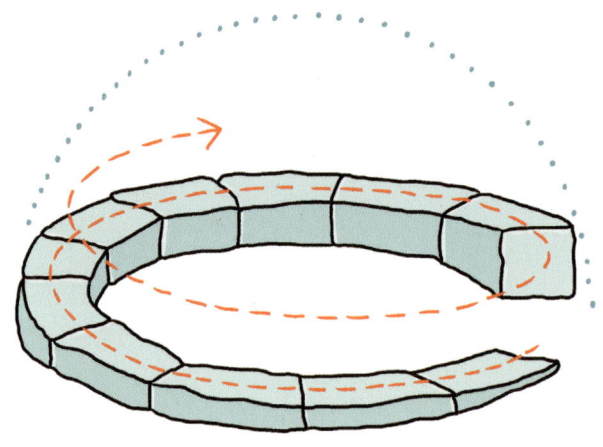

이글루는 벽돌 모양으로 뭉친 눈이나 자른 얼음을 동그랗게 돌아가며 쌓아서 만들어요. 공을 반으로 자른 듯한 모양이 되면, 입구와 환기 구멍을 뚫어 이글루를 완성하지요.

이글루를 짓는 모습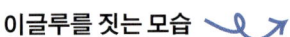

이누이트는 왜 일반적인 직육면체 모양이 아닌 공을 반으로 자른 듯한 모양의 집을 지었을까요? 그 이유는 적은 양의 눈으로도 집을 지을 수 있고, 눈이 많이 내려도 지붕이 무너지지 않기 때문이에요. 만일 눈이 많이 내리는 지역에서 직육면체 모양으로 지붕을 만든다면, 폭설에도 부러지지 않는 튼튼한 판이 필요할 거예요. 이러한 판을 눈이나 얼음으로 만들면 지붕이 쉽게 부서지기 때문에 이누이트는 공을 반으로 자른 듯한 모양의 이글루를 만든 것이랍니다.

이글루처럼 공을 반으로 자른 듯한 모양의 도형을 **반구**라고 해요. 공 모양의 동그란 도형을 **구**라고 하는데, 이 구를 반으로 잘랐다는 의미가 있어요. 이때, 구의 가장 안쪽에 있는 점을 '구의 중심'이라고 하고, 구의 중심에서 구의 표면 위의 한 점을 잇는 선분을 '구의 반지름'이라고 해요.

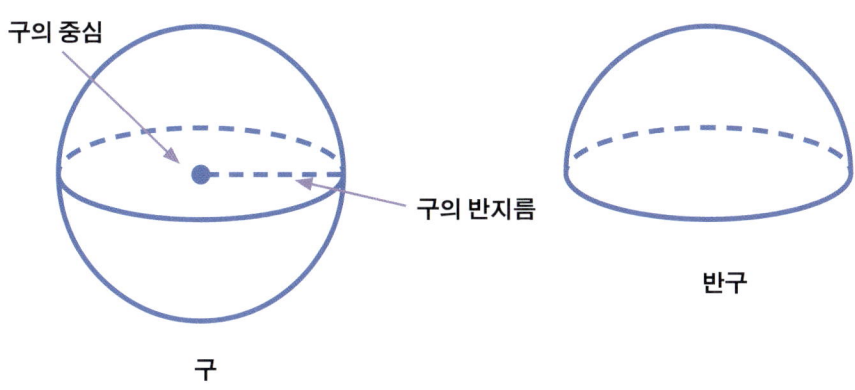

●▲■ 지구도 구!

지구는 한자로 '地 땅 지, 球 공 구'로, '둥근 땅'이라는 뜻이에요. 지구도 동그란 공 모양의 구이지요. 지구의 중심을 지나는 선을 적도라고 하는데, 적도의 북쪽을 북쪽에 있는 반구라고 해서 북반구, 적도의 남쪽은 남반구라고 해요.

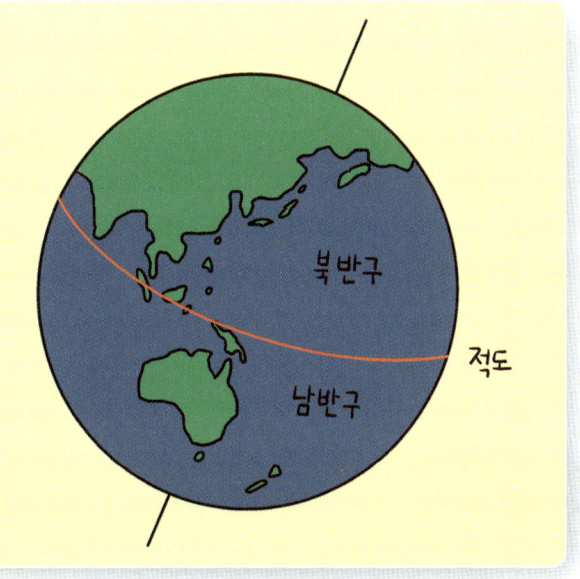

구와 반구는 모두 **회전체**라는 공통점이 있어요. 회전체란 평면도형을 한 직선을 축으로 하여 한 번 회전시킬 때 만들어지는 입체도형을 뜻해요. 아래 그림처럼 반원을 하나의 직선을 중심으로 한 바퀴 돌리면 구가 만들어지지요.

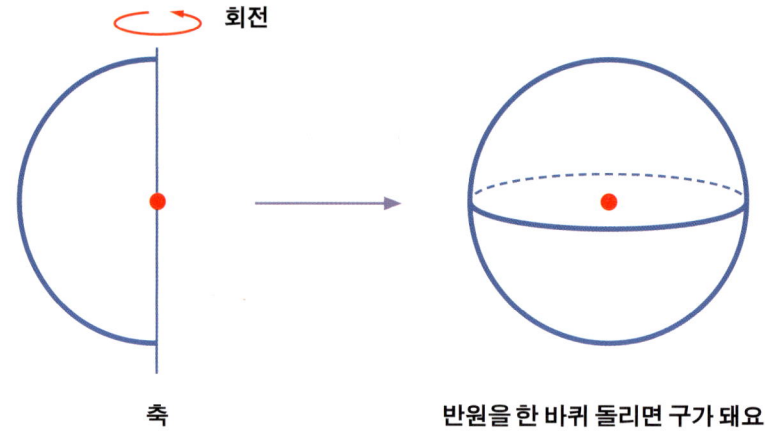

회전체에 구와 반구만 있는 것은 아니에요. 어떤 평면도형이든지 하나의 축을 중심으로 1회 회전시키면 회전체를 만들 수 있지요. 원기둥이나 원뿔도 모두 회전체랍니다. 이때, 회전의 중심이 되는 축을 '회전축', 회전체에서 옆면을 만드는 선분을 '모선'이라고 해요.

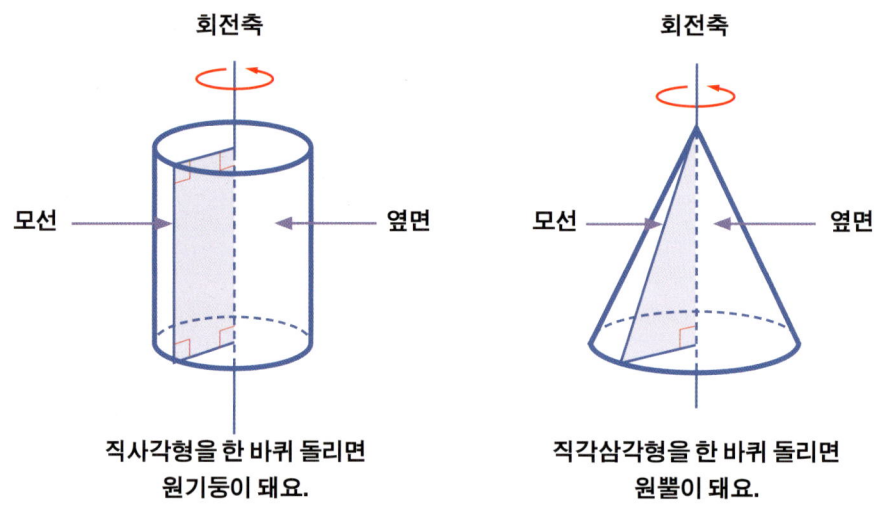

하나 더+ 알래스카를 돌려줘!

1741년 탐험가 비투스 베링이 알래스카를 최초로 발견했어요. 이후 알래스카는 러시아 제국의 영토가 되었지요. 당시 짐승의 털가죽을 구하기 위해 많은 러시아인이 알래스카에 가기도 했어요. 그런데 1850년대에 크림 전쟁이 일어나 러시아 제국은 돈이 필요하게 되었어요. 러시아 제국은 아주 낮은 가격으로 알래스카를 미국에 팔게 되었지요. 알래스카는 러시아의 수도였던 상트페테르부르크에서 너무 멀리 떨어져 있어, 러시아 제국이 직접 통치하기 어렵고 관리하는 데 비용도 많이 들었거든요.

알래스카를 샀던 당시 미국의 국무장관 윌리엄 H. 슈어드는 사람들로부터 필요 없는 땅을 샀다는 비난을 들었어요. 알래스카는 슈어드의 냉장고라는 별명으로 불리기도 했어요. 그런데 1880년대 이후 알래스카에서 다양한 자원과 금속들이 발견되었어요. 알래스카에는 엄청난 양의 금과 은, 철광석을 비롯해 석유까지 매장되어 있었지요.

이후 미국은 쾌재를 불렀지만, 러시아는 배 아파했지요. 러시아는 미국에게 알래스카를 되돌려 받고 싶어 했지만, 황금알을 낳는 거위 같은 알래스카를 미국이 돌려줄 리 없겠지요?

알래스카에서 석유를 채굴하는 모습

도형 찾아보기

3~4학년

직선	10p	(빅벤)
곡선	58p	(사그라다 파밀리아 성당)
선분	10p	(빅벤)
직각	16p	(피사의 사탑)
원	64p	(서클 빌딩)
예각	16p	(피사의 사탑)
둔각	16p	(피사의 사탑)
밀기 (도형의 이동)	52p	(알람브라 궁전)
뒤집기 (도형의 이동)	52p	(알람브라 궁전)
돌리기 (도형의 이동)	52p	(알람브라 궁전)
정삼각형	24p	(에펠탑)
이등변삼각형	24p	(에펠탑)
예각삼각형	24p	(에펠탑)
둔각삼각형	24p	(에펠탑)
직각삼각형	24p	(에펠탑)
평행	30p	(두바이 프레임)
수직	30p	(두바이 프레임)
사다리꼴	36p	(유니테 다비타시옹)
평행사변형	36p	(유니테 다비타시옹)
직사각형	36p	(유니테 다비타시옹)
정사각형	36p	(유니테 다비타시옹)
마름모	36p	(유니테 다비타시옹)

5~6학년

정다각형	44p	(펜타곤)
합동	36p	(유니테 다비타시옹)
선대칭도형	86p	(타지마할)
점대칭도형	86p	(타지마할)
직육면체	36p	(유니테 다비타시옹)
정육면체	36p	(유니테 다비타시옹)
각기둥	44p	(펜타곤)
각뿔	92p	(기자의 대피라미드)
원기둥	64p	(서클 빌딩)
원뿔	92p	(기자의 대피라미드)
구	100p	(이글루)

중·고등

다각형	44p	(펜타곤)
회전체	100p	(이글루)
닮음	92p	(기자의 대피라미드)
도형의 방정식	70p (경복궁), 82p	(금문교)
타원	76p	(성 베드로 광장)

사진 출처

셔터스톡

p.10　빅벤 ⓒFedor Selivanov
p.11　빅벤 시계탑 ⓒPajor Pawel
p.12　웨스트민스터 궁 ⓒDavid Iliff
p.16　피사의 사탑 ⓒFedor Selivanov
p.17　피사의 종 ⓒJohn_Silver
p.24　에펠탑 ⓒstocker1970
p.26　구스타프 에펠 ⓒEverett Collection
p.29　영국 블랙풀 타워 ⓒsj lim harley
p.29　라스베이거스 에펠탑 ⓒHal_P
p.30　두바이 프레임 ⓒTavarius
p.31　두바이몰 ⓒgumbao
p.31　부르즈 할리파 ⓒKirill Neiezhmakov
p.32　두바이 프레임 내부 ⓒMatyas Rehak
p.32　두바이 엑스포 로고 ⓒxalien
p.43　헤이그 도시 ⓒAndrew Balcombe
p.44　펜타곤 ⓒburakyalcin
p.51　펜타곤 ⓒburakyalcin
p.52　알람브라 궁전 ⓒMacronatura.es
p.53　알람브라 궁전 내부(상) ⓒSCStock
p.56　궁전 무늬(상단 좌측) ⓒCarlos Amarillo
p.56　궁전 무늬(상단 우측) ⓒjoserpizarro
p.56　궁전 무늬(하단) ⓒHvarts
p.57　카펫 ⓒBaker Alhashki
p.58　사그라다 파밀리아 성당 ⓒValerie2000
p.59　구엘 공원 ⓒVladyslaV Travel photo
p.66　서클 빌딩 측면 ⓒXIE CHENGXIN
p.69　인체 비례도 ⓒeveleen
p.70　경복궁 ⓒkikujungboy CC
p.72　광화문 ⓒJohnathan21
p.72　경회루 ⓒZoran Karapancev
p.73　기와 지붕 ⓒSarunyu L

p.74　롤러코스터 ⓒPogorelova Olga
p.75　워터 슬라이드 ⓒPhotoRoman
p.77　성 베드로 대성당 ⓒAmra Pasic
p.78　광장 확대 ⓒPaPicasso
p.82　금문교 ⓒventdusud
p.84　현수교 포물선 ⓒA7880S
p.86　타지마할 ⓒsaiko3p
p.88　타지마할 확대 ⓒRanjit321
p.92　피라미드 ⓒStockbym
p.100　이글루 ⓒPiotr Piatrouski
p.101　이누이트 활동 ⓒDanita Delimont
p.105　알래스카 석유 채굴 ⓒVladimir Endovitskiy

위키미디어

p.12 그레이트 벨 ©DS Pugh
p.12 시계 안쪽 ©Sergeant Adrian Harlen
p.17 피사 대성당 광장 ©Arne Müseler
p.17 피사 종 확대 ©Lonewolf 1976
p.18 피사 납 ©Rolf Gebhardt
p.25 에펠탑 공사 모습 ©wikimedia
p.28 에펠탑 최초 도안 ©Maurice Koechlin, Émile
p.36 유니테 다비타시옹 ©Matthias Süßen
p.37 르 코르뷔지에 ©Joop van Bilsen / Anefo
p.46 펜타곤 기존 부지 ©Jguy227
p.51 그라운드 제로 카페 ©Steven Donald Smith
p.53 알람브라 궁전 내부(하) ©R Prazeres
p.59 안토니오 가우디 ©Antoni Gaudi
p.59 구엘 파빌리온 ©Turol Jones, un artista de
p.59 부벽 ©Andreas Praefcke
p.60 가우디 현수선 ©Canaan
p.61 성당공사 1905년 ©Baldomer Gili i Roig
p.61 성당공사 2019년 ©wikimedia
p.64 서클 빌딩 ©Midip
p.72 근정전 ©Blmtduddl
p.76 성 베드로 광장 ©DAVID ILIFF
p.81 제단 ©NicvK
p.81 성 베드로의 의자 ©Ricardo André Frantz
p.81 베드로 무덤 ©Dnalor 01
p.87 샤자한과 뭄타즈 마할의 무덤 ©Donelson
p.88 타지마할 초승달 ©David Castor
p.91 타지마할 위장 ©John Atherton
p.93 파라오 쿠푸 동상 ©Olaf Tausch
p.95 벤벤 ©Jon Bodsworth
p.101 이누이트 가족 ©Edward S. Curtis
p.102 이글루 짓는 모습 ©Frank E. Kleinschmidt

기타

p.15 시모네 마르티니, 〈수태고지〉, 1333
      ©피렌체 우피치 미술관
p.35 도니스 디자인 ©DONIS STUDIO
p.43 피에트 몬드리안, 〈빨강, 파랑, 노랑의 구성〉, 1930
      ©세르비아 국립 박물관
p.43 피에트 몬드리안, 〈뉴욕 시티 I〉, 1942
      ©프랑스 국립 현대 미술관
p.72 건청궁 ©문화재청
p.85 포의 궤도, 《대포학》 ©디에고 우파노